诚信为本 操守为重

坚持准则 不做假账

——与学习会计的同学共勉

"十四五"职业教育国家规划教材配套用书

职业教育国家在线精品课程配套教材

 高等职业教育新形态一体化教材

财务会计实务 同步模拟实训

（第五版）

▼ 主　编　高丽萍　张桂春

▼ 副主编　吴丽娟　张文华

中国教育出版传媒集团

高等教育出版社·北京

内容提要

本书是"十四五"职业教育国家规划教材《财务会计实务》(第五版)的配套教学用书,是首届全国教材建设奖全国优秀教材二等奖《财务会计实务》的配套辅助用书,同时也是职业教育国家在线精品课程配套教材《财务会计实务》(第五版)的配套教学用书。

本次修订根据最新的《中华人民共和国公司法》《中华人民共和国会计法》以及我国具体会计准则和税收法规的最新变化,将增值税专用发票全部更新为数电票,对有关原始凭证进行了更新。修订后本书更凸出仿真性、实用性、操作性强的特点。本书内容包括:货币资金核算实训,存货按实际成本计价核算实训,存货按计划成本计价核算实训,金融资产及长期股权投资核算实训,固定资产核算实训,应付职工薪酬核算实训,应交税费核算实训,收入、费用和利润核算实训,会计报表编制综合实训共9个实训项目。

本书提供参考答案以及与"财务会计"在线开放课程配套的多种教学资源,授课教师可以登录高等教育出版社产品信息检索系统(xuanshu.hep.com.cn)免费下载使用。学习者也可通过扫描书中二维码获取参考答案。

本书可作为高等职业教育专科、本科院校财务会计类专业及相关专业学生教学实践、自学自练的教学用书,也可作为在职财会人员业务学习、岗位培训的参考用书。

图书在版编目(CIP)数据

财务会计实务(第五版)同步模拟实训 / 高丽萍,张桂春主编. -- 北京:高等教育出版社,2025.7.
ISBN 978-7-04-064820-1

Ⅰ. F234.4

中国国家版本馆CIP数据核字第2025VB6049号

财务会计实务(第五版)同步模拟实训
CAIWU KUAIJI SHIWU (DI WU BAN) TONGBU MONI SHIXUN

策划编辑 张雅楠	责任编辑 李瑞欣 贾若曦	封面设计 赵 阳	版式设计 马 云
责任绘图 于 博	责任校对 胡美萍	责任印制 刘思涵	

出版发行	高等教育出版社	网 址	http://www.hep.edu.cn
社 址	北京市西城区德外大街4号		http://www.hep.com.cn
邮政编码	100120	网上订购	http://www.hepmall.com.cn
印 刷	武汉市新华印刷有限责任公司		http://www.hepmall.com
开 本	787 mm×1092 mm 1/16		http://www.hepmall.cn
印 张	23.75		
字 数	310千字	版 次	2025年7月第1版
购书热线	010-58581118	印 次	2025年7月第1次印刷
咨询电话	400-810-0598	定 价	49.80元

本书如有缺页、倒页、脱页等质量问题,请到所购图书销售部门联系调换。
版权所有 侵权必究
物 料 号 64820-00

主编简介

高丽萍，淄博职业技术大学教授，注册会计师，获国家级教学成果奖一等奖1项。首批国家级精品资源共享课、职业教育国家在线精品课程"财务会计"负责人，国家职业教育大数据与会计专业教学资源库"企业会计制度设计"子项目负责人，全国高职高专经济管理类专业教学资源库建设专家委员会委员；华东师范大学访问学者、山东省教学名师，山东省黄大年式教师团队、山东省职业教育名师工作室、山东省高等学校省级教学团队带头人，会计专业省级特色专业带头人、山东省五年制高职会计专业教学指导方案项目负责人；主编教材8部，获首届全国教材建设奖全国优秀教材二等奖1项。主编"十四五"职业教育国家规划教材5部，"十二五""十三五"职业教育国家规划教材5部，主持多项省级以上科研课题。

张桂春，淄博职业技术大学教授、会计师。淄博市会计专业学科带头人。淄博市青年教师岗位能手、淄博市高校优秀教师。首批国家级精品资源共享课、职业教育国家在线精品课程"财务会计"主讲教师，国家职业教育大数据与会计专业教学资源库"企业会计制度设计"子项目主讲教师，山东省精品课程"成本核算实务""会计综合实训"主持人，山东省会计专业省级优秀教学团队核心成员。主持省级教改课程1项，主编"十四五"职业教育国家规划教材1部，"十二五""十三五"职业教育国家规划教材2部。

前 言

本书是"十二五"职业教育国家规划教材，也是"十四五"职业教育国家规划教材《财务会计实务》（第五版）的配套教学用书，是首届全国教材建设奖全国优秀教材二等奖《财务会计实务》的配套辅助用书，同时也是职业教育国家在线精品课程配套教材《财务会计实务》（第五版）的配套教学用书。

本书自首版出版以来，一直深受广大师生的欢迎。近年来，财政部相继对我国企业会计准则基本准则和部分具体准则进行了修订，并发布了多项新准则。2024年12月1日起，我国全面推广使用数字化电子发票。伴随着数字经济的发展，会计行业发生了全新的变革。本次修订根据最新的《中华人民共和国公司法》《中华人民共和国会计法》《中华人民共和国增值税法》以及具体会计准则和税收法规的新变化，对所涉及的增值税专用发票等原始凭证进行了更新，将增值税专用发票全部更新为数字化电子发票。本次修订优化了实训内容的呈现形式，以实训项目呈现，每个实训项目包括实训目标、实训背景资料、实训任务、所需实训材料、实训成果（参考答案）。

本书内容包括：货币资金核算实训，存货按实际成本计价核算实训，存货按计划成本计价核算实训，金融资产及长期股权投资核算实训，固定资产核算实训，应付职工薪酬核算实训，应交税费核算实训，收入、费用和利润核算实训，会计报表编制综合实训，一共9个实训项目。本书具有仿真性、实用性、操作性强的特点，读者可在学习"财务会计实务"课程相关内容的同时，通过模拟实训，将实践操作与理论知识相融合，做到"学做一体"，以增强读者对会计工作的认识，掌握会计的专业操作技能，为将来从事会计工作奠定良好的专业基础。

本书由高丽萍、张桂春担任主编，吴丽娟、张文华担任副主编，参与本书修订的还有淄博职业学院刘辉、曹志华，湘西民族职业技术学院胡原，重庆化工职业学院胡欣，以及山东鲁信税务师事务所张俊学等。在修订过程中，得到了山东鲁信税务师事务所等合作企业和原课程建设团队老师的大力支持，在此一并表示诚挚的谢意。

由于编者水平有限，书中难免出现错误，欢迎各位读者提出宝贵意见。

编者

2025年6月

目 录

项目一 货币资金核算实训 / 001

项目二 存货按实际成本计价核算实训 / 041

项目三 存货按计划成本计价核算实训 / 099

项目四 金融资产及长期股权投资核算实训 / 127

项目五 固定资产核算实训 / 145

项目六 应付职工薪酬核算实训 / 179

项目七 应交税费核算实训 / 197

项目八 收入、费用和利润核算实训 / 241

项目九 会计报表编制综合实训 / 293

项目一

货币资金核算实训

一、实训目标

能够正确地签发与填制银行结算凭证；能够正确地审核货币资金业务的原始凭证，并根据原始凭证编制记账凭证、登记库存现金和银行存款日记账；能够与银行进行对账，编制银行存款余额调节表。培养学生"三坚三守"的会计职业道德规范和严谨细致的会计工匠精神。

二、实训背景资料

（一）公司概况

光华有限责任公司[①]是增值税一般纳税人，增值税税率为13%，有关情况如下。

出纳：丁凡；会计：张力；主管：赵一；保管员：丁松。

开户银行：工商银行东海支行；行号：37930。

账号：16030058363803366。

统一社会信用代码：913506030011122285。

联系电话：0198-27606068。

公司地址：东海市南京路677号。

---

① 本书所有公司、员工名称均为虚拟内容，如有雷同，纯属巧合。

（二）有关账户期初余额

库存现金、银行存款日记账的期初余额如表 1-1 所示。

表 1-1　　　　　　　　　　　　　　　　　　　　　　　　　　单位：元

账户名称	期初余额
库存现金	4 230
银行存款——工商银行——人民币户	1 836 000

（三）2025 年 4 月该公司发生的部分经济业务

1. 1 日，签发现金支票从银行提取现金 8 000 元备用，现金支票号码 00482871。

2. 6 日，从东方商厦有限责任公司购买零星办公用品 2 356.05 元，签发转账支票，支票号码为 08067240。

东方商厦有限责任公司账号：2305007804100093008。

开户银行：工商银行建安支行；行号：8542。

3. 8 日，从晓天有限责任公司购买材料一批，填写银行汇票申请书，面额 80 000 元。

晓天有限责任公司账号：47050086120860005。

开户银行：建行东风支行；行号：3890。

4. 9 日，公司从中汇有限责任公司购入钢材一批，价款 500 000 元，增值税 65 000 元，采用商业汇票结算方式，汇票到期日为 8 月 7 日，合同号 89950，开出商业承兑汇票一张。

中汇有限责任公司账号：43050676670000932。

开户银行：建行城南支行；行号：3211。

2025 年 4 月该公司有关业务原始凭证如单据 1-1~单据 1-19 所示。

单据 1-1-1/1

单据 1-2-1/2

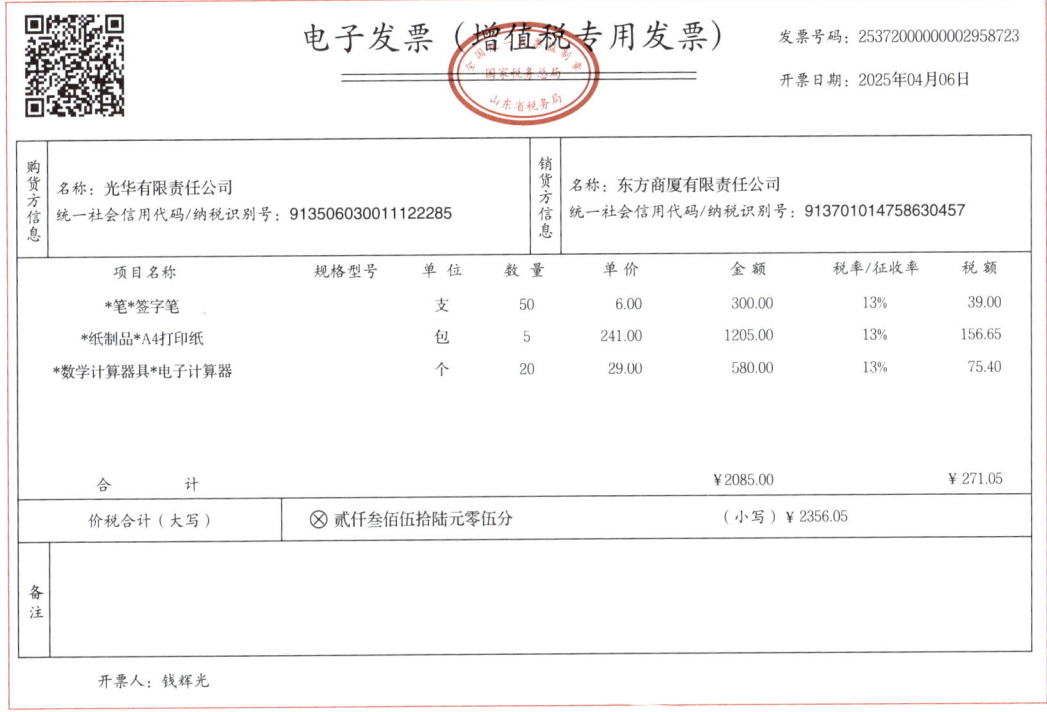

单据 1-2-2/2

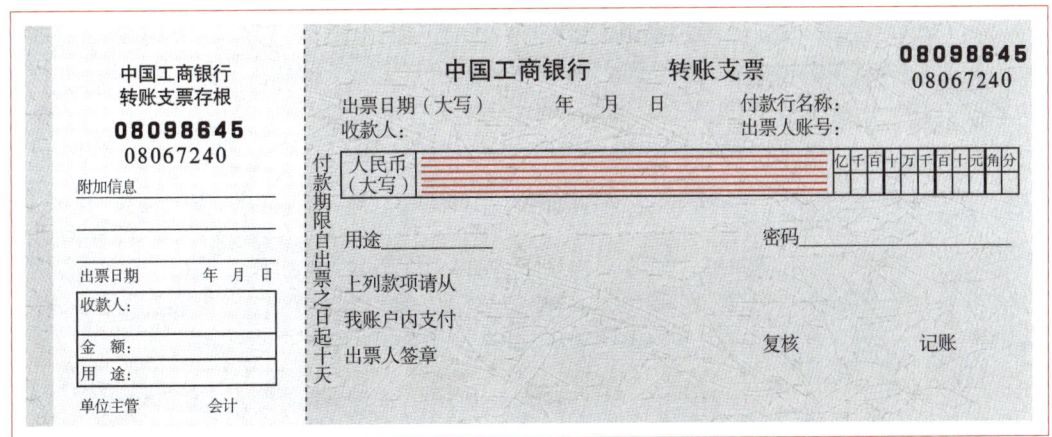

单据 1-3-1/1

银行汇票申请书（存　根）①

申请日期　　年　月　日　　　　　　　No：000375

申请人		收款人	
账号或住址		账号或住址	
用途		代理付款行	
汇款金额	人民币（大写）	万千百十万千百十元角分	

备注：

科目＿＿＿＿＿＿＿＿＿＿＿

对方科目＿＿＿＿＿＿＿＿＿

财务主管　　复核　　经办

此联申请人留存

单据 1-4-1/2

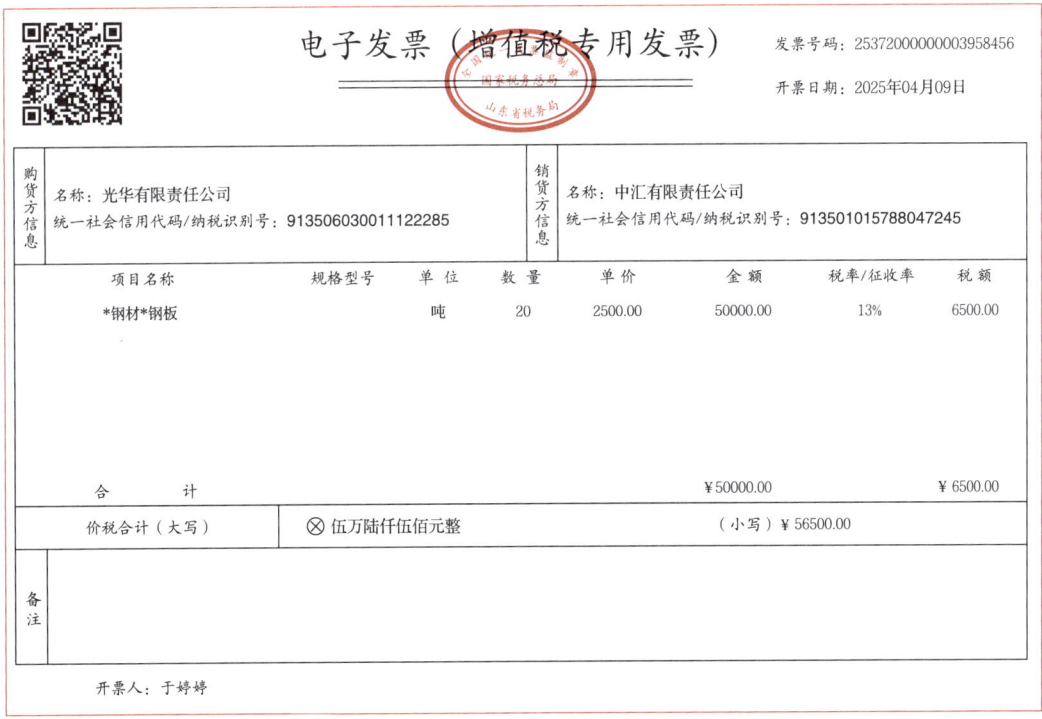

单据 1-4-2/2

商业承兑汇票

汇票号码：004760

出票日期（大写）　年　月　日　第　号

付款人	全称		收款人	全称	
	账号或地址			账号或地址	
	开户行	行号		开户行	行号

出票金额　人民币（大写）　　　　　亿 千 百 十 万 千 百 十 元 角 分

汇票到期日　　　　　交易合同号码

本汇票一经承兑，到期无条件付款　　　本汇票请以承兑于到期日付款

承兑人签章
承兑日期　年　月　日　　　　出票人签章

此联承兑人留存

单据 1-5-1/1

单据 1-6-1/1

借 款 单
2025年4月9日　　　　　　　　　　　　　字第 0032 号

借款人	王强	借款事由	武汉采购材料		
所属部门	购销科				
借款金额人民币（大写）	伍仟元整	核准金额	人民币（大写）	伍仟元整	
审批意见： 同意借支 于亮　2025 年 4 月 13 日　现金付讫		归还期限	2025 年 4 月 22 日	归还方式	回来报账
会计主管： 赵一	复核：	出纳： 丁凡		借款人： 王强	

单据 1-7-1/2

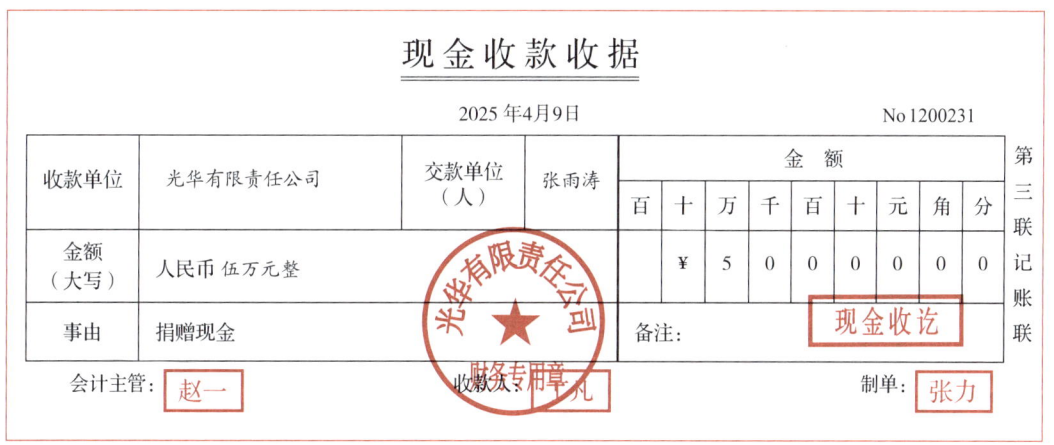

现金收款收据

2025 年 4 月 9 日　　　　No 1200231

收款单位：光华有限责任公司　交款单位（人）：张雨涛
金额（大写）：人民币 伍万元整　￥50000.00
事由：捐赠现金
备注：现金收讫
会计主管：赵一　收款人：丁凡　制单：张力
（盖章：光华有限责任公司 财务专用章）
第三联 记账联

单据1-7-2/2

中国工商银行　现金交款单（回单）①

2025年4月9日　　　　　　　　　　　　　　　　No 0001245

收款单位	全　称	光华有限责任公司	款项来源	捐赠款
	账　号	16030058363803366	交款部门	

金额（大写）	人民币 伍万元整					百	十万	千	百	十元	角	分
						¥	5	0	0	0	0	0	0

券别	张数	十	万	千	百	十	元	券别	张数	千	百	十	元	角	分
一百元	300		3	0	0	0	0	一元							
五十元	400		2	0	0	0	0	五角							
十元								二角							
五元								一角							
二元								分币							

上列款项已如数收妥入账
（收款银行盖章）
2025.04.09
复核：　　　经办：
核算用章(1)
　　年　月　日

第一联由银行盖章后退回单位

单据1-8-1/2

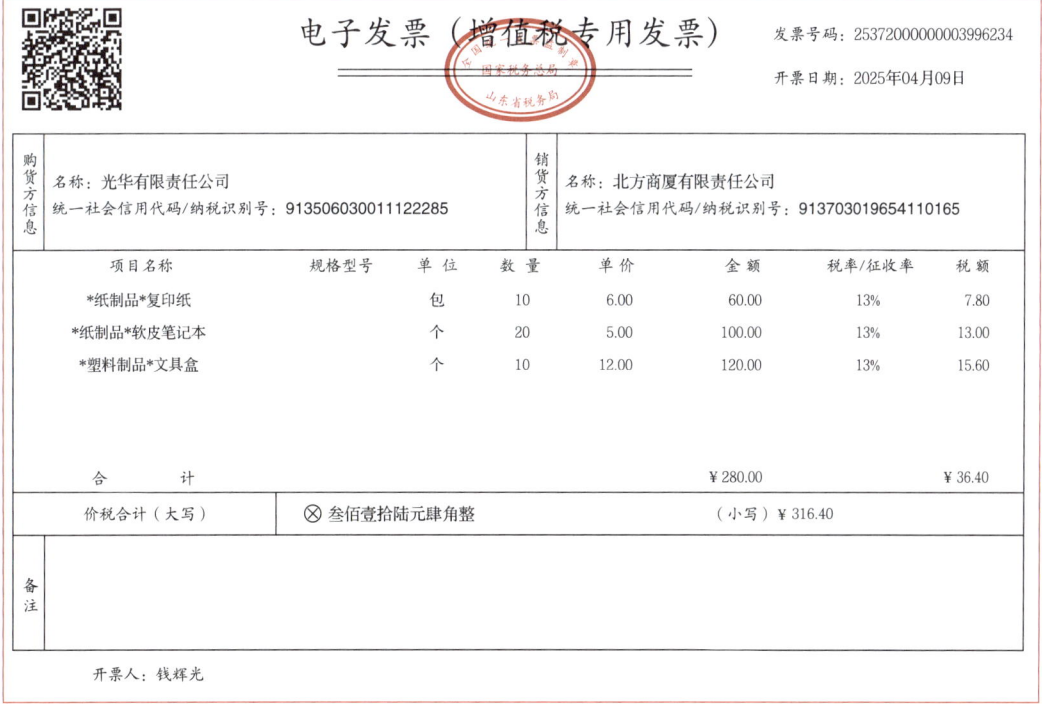

单据 1-8-2/2

中国工商银行　　　　　　　　　　凭证

业务回单（付款）

币别：人民币　　　　2025年04月09日　　　回单编号：162360005740

付款人户名：光华有限责任公司　　　付款人开户行：工商银行东海支行

付款人账号（卡号）：16030058363803366

收款人户名：北方商城购物中心　　　收款人开户行：工商银行东海支行

收款人账号（卡号）：622108275485000012

金额：叁佰壹拾陆元肆角整　　　　　小写：316.40 元

业务（产品种类）：同城转账　　凭证种类：000000　　凭证号码：000000

摘要：转款　　　　　　　　　　用途：

交易机构：0165780021　　记账柜员：00024　　交易代码：3324　　渠道：网上银行

客户备注：

本回单为第1次打印，注意重复　　打印日期：2025年04月09日　　打印柜员：9　　验证码：254328847656

单据 1-9-1/1

单据 1-10-1/2

银行汇票申请书（存　根）①

申请日期　2025年4月10日　　　　　　　　No: 000376

申请人	光华有限责任公司	收款人	康为建业股份有限公司
账号或住址	16030058363803366	账号或住址	28603006000374678
用途	购料款	代理付款行	工商银行武汉城东办事处

汇款金额	人民币（大写）	伍拾万元整	万	千	百	十万	千	百	十	元	角	分
					￥	5	0	0	0	0	0	0

备注：

科目
对方科目
财务主管　　复核　　经办

（盖章：中国工商银行股份有限公司东湖支行 2025.04.10 核算用章）

此联申请人留存

单据 1-10-2/2

中国工商银行空白凭证收费单

（领用单位）账号：16030058363803366　　　　日期：2025 年 4 月 11 日

户名：光华有限责任公司

收费类别：汇票委托书

凭证起始号码：　　　　　　　凭证结束号码：

种类　　　　　　　　　　　　金额（小写）

工本费　　　　　　　　　　　　0.28

邮电费　　　　　　　　　　　　15.00

手续费　　　　　　　　　　　　1.00

合计金额（人民币）壹拾陆元贰角捌分　　16.28元

（盖章：中国工商银行股份有限公司东湖支行 2025.04.11 核算用章（1））

上列款项请在本单位账户内支付。　　　科目（借）＿＿＿＿＿
（付款单位盖章）　　　　　　　　　对方科目（贷）＿＿＿＿＿
　　　　　　　　　　　　　　　　　领取人签名：　丁凡
　　　　　　　　　　　　　　　　　复核员：　　　记账员：

单据 1-11-1/1

现金盘点报告表

2025年4月12日　　　　　　　　　　　单位：元

实存金额	账存金额	对比结果		备 注
		盘盈	盘亏	
7 180	7 230		50	出纳员责任 领导签字：于亮

盘点人签章：刘伟　　　　　　　　　　　出纳员签章：丁凡

单据 1-12-1/4

差旅费报销单

2025年4月12日 填　　　　　　　　附件　张

姓名	王强	出差地点	武汉	出差事由	采购材料	日期	4月9日起
							4月12日止
乘火车费	自 东海北 站至 武汉 站				金额	710.00	说明：
乘火车费	自 武汉 站至 东海北 站				金额	710.00	原借款5 000元，抵扣后收回
乘 费	自 站至 站				金额	185.00	现金；住宿费中含增值税81.51元
行李运费	千克	每千克	元		金额		
出差补助费	3 天	定额	150		金额	450.00	
住宿费	4 天	定额	360		金额	1 440.00	
其他						860.00	
合计金额	小写	¥4 355.00			单位负责人	于亮	
	大写	肆仟叁佰伍拾伍元整				2025年4月12日	

会计主管：赵一　　　　　出纳：丁凡　　　　　报销人：王强

注：按规定取得注明旅客身份信息的铁路车票，按下列公式计算进项税额：铁路旅客运输进项税额＝票面金额÷（1+9%）×9%。

单据 1-12-2/4

电子发票（铁路电子客票）

发票号码：25379117607000004572　　　　开票日期：2025年04月12日

东海北站　　　G278　　　武汉站
Donghaibei　　　　　　　Wuhan

2025年04月09日　　6：22开　　04车12D号　二等座

票价：710.00

3703011980****0011　　　　王强

电子客票号：1760792086040994539152024

购买方名称：光华有限责任公司　　统一社会信用代码：913506030011122285

买票请到12306发货请到95306
中国铁路祝您旅途愉快

单据 1-12-3/4

电子发票（铁路电子客票）

发票号码：25379117607000004575　　　　开票日期：2025年04月12日

武汉站　　　G276　　　东海北站
Wuhan　　　　　　　Donghaibei

2025年04月12日　　6：52开　　09车12A号　二等座

票价：710.00

3703011980****0011　　　　王强

电子客票号：1760792086040994539165212

购买方名称：光华有限责任公司　　统一社会信用代码：913506030011122285

买票请到12306发货请到95306
中国铁路祝您旅途愉快

单据 1-12-4/4

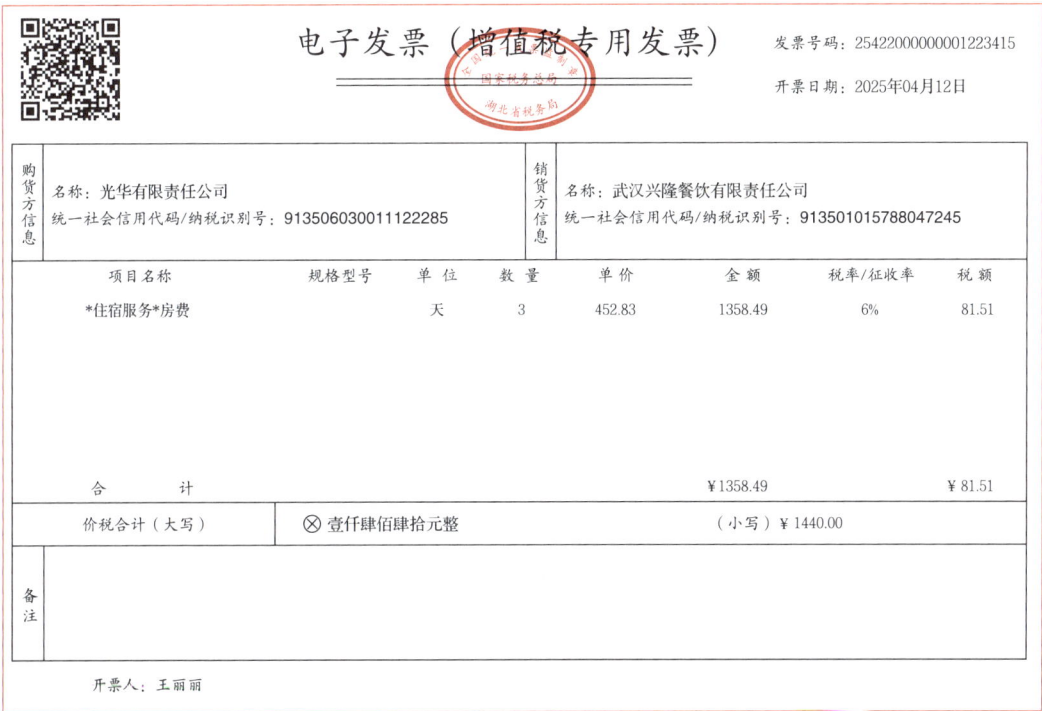

单据 1-13-1/2

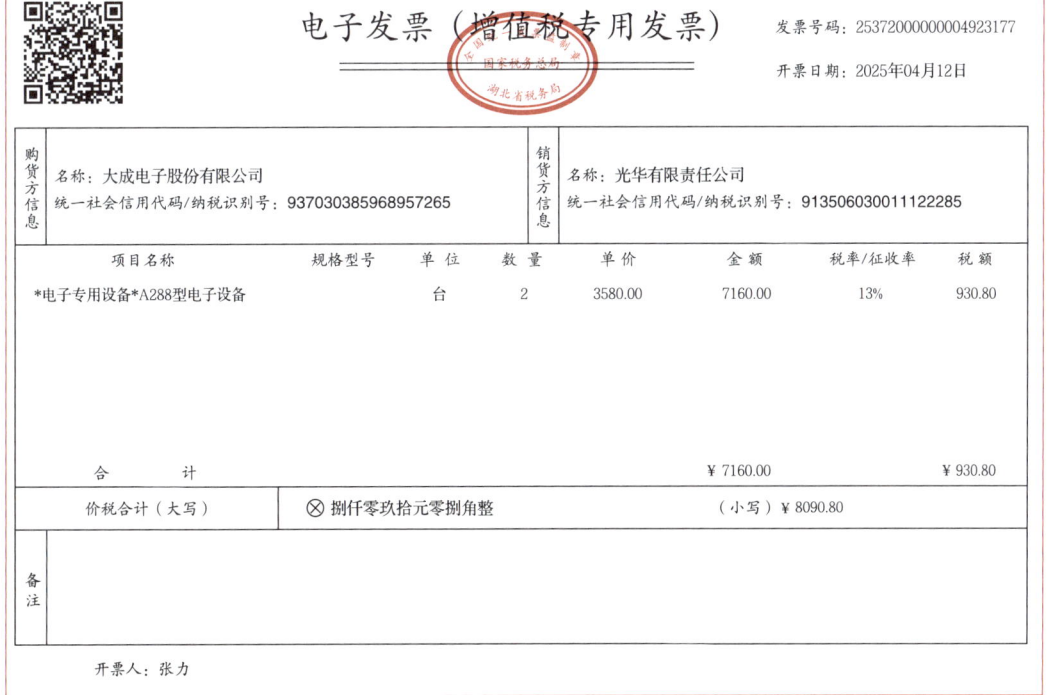

单据 1-13-2/2

中国工商银行　进账单（收账通知）

No 9726653

2025年4月12日　　第　号

付款人	全称	大成电子股份有限公司	收款人	全称	光华有限责任公司
	账号	64009003675575675		账号	16030058363803366
	开户银行	建设银行东城支行		开户银行	工商银行东海支行

人民币（大写）　⊗ 捌仟零玖拾元捌角整　　￥8090.80

票据种类	银行汇票
票据张数	1

（中国工商银行股份有限公司东海支行 2025.04.12 核算用章）

收款单位开户行盖章

此联是收款单位交给收款人的收账通知

单位主管　会计　复核　记账

单据 1-14-1/2

电子发票（增值税专用发票）

发票号码：25372000000005078213
开票日期：2025年04月15日

购货方信息	名称：光华有限责任公司							
	统一社会信用代码/纳税识别号：913506030011122285							
销货方信息	名称：康为建业股份有限公司							
	统一社会信用代码/纳税识别号：280002737743486567							

项目名称	规格型号	单位	数量	单价	金额	税率/征收率	税额
*电力电子元器件*U型电子零件	U型	个	5000	80.00	400000.00	13%	52000.00
合　　计					￥400000.00		￥52000.00

价税合计（大写）	⊗ 肆拾伍万贰仟元整	（小写）￥452000.00

备注	

开票人：江雪

单据 1-14-2/2

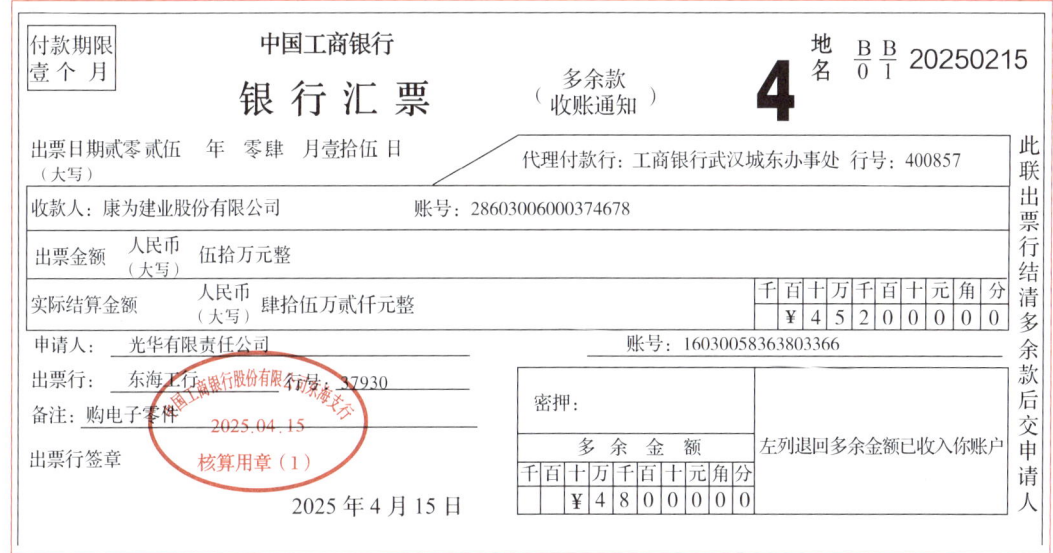

单据 1-15-1/1

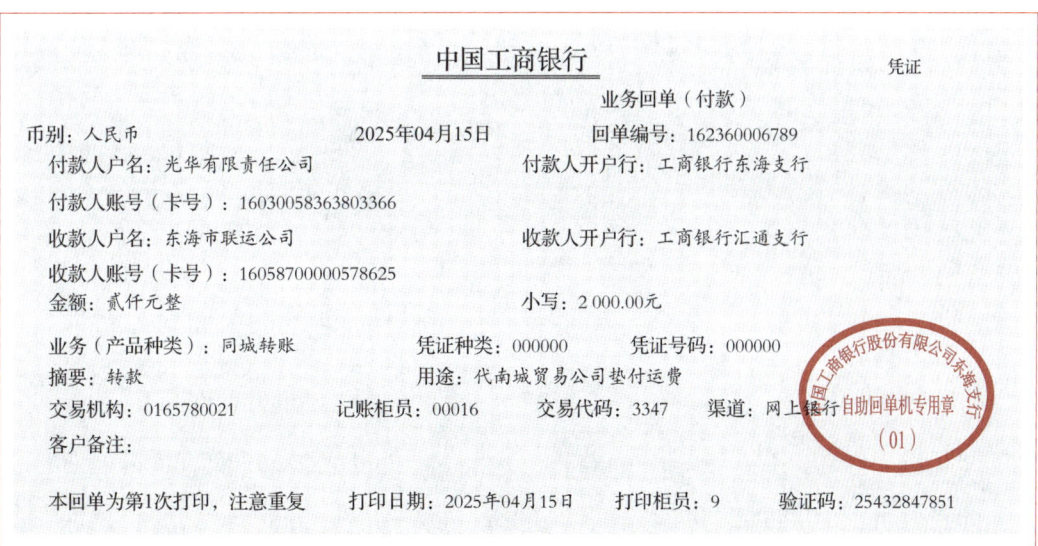

单据 1-16-1/2

电子发票（增值税专用发票）

发票号码：25372000000006108532
开票日期：2025年04月15日

购货方信息	名称：南城贸易有限责任公司 统一社会信用代码/纳税识别号：931003840000008364		销货方信息	名称：光华有限责任公司 统一社会信用代码/纳税识别号：913506030011122285	

项目名称	规格型号	单位	数量	单价	金额	税率/征收率	税额
*金属制品*WI五金工具		个	1000	45.00	45000.00	13%	5850.00
合　　计					￥45000.00		￥5850.00
价税合计（大写）	⊗ 伍万零捌佰伍拾元整				（小写）￥50850.00		
备注							

开票人：王成为

单据 1-16-2/2

中国工商银行托收凭证（受理回单）

委托日期 2025年4月15日　　　　　　　　　　　　　　　1
委托号码：0004657

业务类型	委托收款（□邮划 ☑电划）			托收承付（□邮划 □电划）							
付款人	全称	南城贸易有限责任公司		收款人	全称	光华有限责任公司					
	账号	23600007678043234			账号	16030058363803366					
	地址	山东省南城市/县	开户行	农行华光路分理处	地址	山东省东海市/县	开户行	工商银行东海支行			
金额	人民币（大写）伍万零捌佰伍拾元整				千 百 十 万 千 百 十 元 角 分 ￥　　　5 0 8 5 0 0 0						
款项内容	货款及运费	托收凭据名称		发票及货运发票	附寄单证张数	2					
商品发运情况	已经发运			合同名称号码	AYJ008676						
备注：			款项收妥日期								
复核		记账			年　月　日	收款人开户行盖章		年　月　日			

此联为收款人开户银行给收款人的受理回单

中国工商银行股份有限公司东海支行
2025.04.15
核算用章

单据 1-17-1/1

中国工商银行托收凭证（收款通知）

委托日期2025年4月18日　委托号码 4

付款期限　年　月　日

业务类型	委托收款（□邮划　☑电划）			托收承付（□邮划　□电划）										
付款人	全称	南城贸易有限责任公司		收款人	全称	光华有限责任公司								
	账号	23600007678043234			账号	16030058363803366								
	地址	山东省南城市/县	开户行	农行华光路分理处		地址	山东省东海市/县	开户行	工商银行东海支行					
金额	人民币（大写）伍万零捌佰伍拾元整					千	百	十	万	千	百	十	元	角	分
					¥			5	0	8	5	0	0	0
款项内容	货款及运费	托收凭据名称	发票	附寄单证张数	2									
商品发运情况	已经发运			合同名称号码	AYJ008676									
备注：	上列款项已划回收入方账户内 中国工商银行股份有限公司东海支行 2025.04.18 核算用章（1）			收款人开户银行签章 2025年4月18日										
复核		记账												

此联为收款人开户银行给收款人的收款通知

单据 1-18-1/1

中国工商银行托收凭证（付款通知）

委托日期2025年4月19日　委托号码 5

付款期限　年　月　日

业务类型	委托收款（□邮划　☑电划）			托收承付（□邮划　□电划）										
付款人	全称	光华有限责任公司		收款人	全称	金泉电子器材厂								
	账号	16030058363803366			账号	2800000384777448								
	地址	山东省东海市/县	开户行	工商银行东海支行		地址	山东省滨州市/县	开户行	建设银行西门支行					
金额	人民币（大写）柒万零贰佰元整					千	百	十	万	千	百	十	元	角	分
					¥			7	0	2	0	0	0	0
款项内容	货款	托收凭据名称	发票	附寄单证张数	2									
商品发运情况	已经发运			合同名称号码	销00789									
备注：上月购货款 付款人开户行收款日期 　　年　月　日 中国工商银行股份有限公司东海支行 2025.04.19 核算用章（1）				付款人注意： 1.应于见票当日通知开户银行划款 2.如需拒付，应在规定期限内将拒付理由书并附债务证明提交银行 付款人开户银行签章 2025年4月19日										
复核		记账												

此联为付款人开户银行给付款人的付款通知

单据 1-19--1/1

中国工商银行客户存款对账单

网点号：16030058363803366
账号：37930
户名：光华有限责任公司
币种：人民币（本位币）
单位：元
上页余额：1 836 000.00
2025 年 4 月 30 日
页号：1

日期	交易类型	凭证种类	凭证号	对方户名	摘要	借方发生额	贷方发生额	余额	记账信息
04-1	提现	现金支票	00482871		提现	8 000.00		1 828 000.00	163502854
04-8	转账	转账支票	08067240	东方商厦有限责任公司	购买办公用品	2 356.05		1 825 643.95	163500023
04-8	转账	银行汇票申请书	000375	晓天有限责任公司	办理银行汇票	80 000.00		1 745 643.95	163502854
04-9	转账	转账支票	00486654	中国联通股份有限公司	付后勤处备用金	4 000.00		1 741 643.95	163502854
04-9	转账	转账支票	0001245	张雨诺捐赠	接受捐赠		50 000.00	1 791 643.95	163500012
04-9	转账	网银	000000	北方商城购物中心	购办公用品	316.40		1 791 327.55	163502854
04-10	转账	转账支票	08067241	新城伟光有限责任公司	付前欠货款	48 670.00		1 742 657.55	163502854
04-12	转账	银行汇票申请书	000376	康为建业股份有限公司	办理银行汇票	500 000.00		1 242 657.55	163500012
04-11	转账	收费单	00110764	中国工商银行股份有限公司	支付手续费	16.28		1 242 641.27	163502854
04-12	转账	进账单	9726653	大成电子股份有限公司	收销货款		8 090.80	1 250 732.07	163502854
04-15	转账	银行汇票收账通知	20120215	康为建业股份有限公司	银行汇票多余款		48 000.00	1 298 732.07	163500012
04-19	转账	网银	0004657	南城贸易有限责任公司	垫付运费	2 000.00		1 296 732.07	163502854
04-27	转账	银行汇票收账通知	00364758	汇浦电业有限公司	付电费	1 500.00		1 295 232.07	163500012
04-29	转账	委托收款	00364758	百事通有限责任公司	销售产品		92 800.00	1 388 032.07	163500012

截止到 2025 年 04 月 30 日，账户余额：1 388 032.07，保留余额：0.00，冻结余额：0.00，透支余额：0.00，可用余额：1 388 032.07

打印日期：2025-05-01

三、实训任务

（1）根据以上经济业务的原始凭证完成业务单据签发或填制，并据以编制记账凭证。

（2）根据记账凭证登记库存现金日记账和银行存款日记账。

（3）核对银行存款日记账与银行对账单，编制"银行存款余额调节表"。

（4）在 Excel 中完成以上任务。

四、所需实训材料

序号	种类	数量	备　注
1	记账凭证	22 张	使用通用记账凭证或者用下列会计分录纸代替
2	库存现金日记账	1 页	单面计算
3	银行存款日记账	1 页	单面计算
4	银行存款余额调节表	1 页	单面计算

1. 记账凭证（会计分录纸）

序号	摘要	会计科目	明细科目	记账	借方金额	贷方金额

续表

序号	摘要	会计科目	明细科目	记账	借方金额	贷方金额

2. 库存现金日记账

库存现金日记账

年		凭证		摘要	对方科目	借方	贷方	余额	核对
月	日	种类	号数						

3. 银行存款日记账

银行存款日记账

开户银行：
户名：
账号：

年		凭证		摘要	对方科目	结算凭证种类号码	借方	∨	贷方	∨	余额	核对
月	日	种类	号数									

4. 银行存款余额调节表

银行存款余额调节表

开户银行：
账号：

年　　　　月　　　　日

项目	余额	项目	余额
银行对账单余额		银行存款日记账余额	
调节后余额		调节后余额	

会计主管　　　　　稽核　　　　　　　出纳　　　　　　会计

五、实训答案

记账凭证

库存现金
日记账

银行存款
日记账

银行存款余
额调节表

项目二

存货按实际成本计价核算实训

一、实训目标

在实际成本法核算下，能够正确地审核存货业务的原始凭证，并根据原始凭证编制记账凭证；能够正确地登记原材料、周转材料、库存商品、在途物资明细账和有关总账，并能够对存货总账和明细账进行核对。培养学生遵守"三坚三守"的会计职业道德规范和严谨细致的会计工匠精神。

二、实训背景资料

（一）公司概况

光华有限责任公司是增值税一般纳税人，增值税税率为13%，生产两种产品（甲产品、乙产品），需要用A、B两种原材料。

出纳：丁凡；会计：张力；主管：赵一；保管员：丁松。

开户银行：工商银行东海支行；行号37930。

账号：16030058363803366。

统一社会信用代码：913506030011122285。

联系电话：0198-27606068。

公司地址：东海市南京路677号。

（二）生产经营各主要环节的核算要求

1. 原材料采用实际成本核算，采用全月一次加权平均法计算发出原材料成本（加权平均单价保留 4 位小数）。

2. 周转材料采用实际成本核算。包装物采用一次摊销法，领用时摊销；低值易耗品采用分次摊销法，摊销期两年，按月摊销。

3. 库存商品采用先进先出法计算已销商品成本，月末结转。

（三）有关账户期初余额

1. 总分类账户期初余额见表 2-1。

表 2-1　总分类账户期初余额　　　　　　　　　　　　2025 年 3 月 31 日

会计科目	金额/元	会计科目	金额/元
银行存款	320 000	原材料	20 800
应收账款	15 000	库存商品	364 000
在途物资	8 560	周转材料	7 700

2. 明细账期初余额见表 2-2。

表 2-2　明细账期初余额　　　　　　　　　　　　2025 年 3 月 31 日

名称	单位	数量	单价/元	总金额/元
原材料明细账				
A 材料	千克	4 000	1.20	4 800.00
B 材料	千克	8 000	2.00	16 000.00
库存商品明细账				
甲产品	件	2 000	62.00	124 000.00
乙产品	千克	3 000	80.00	240 000.00
周转材料——低值易耗品明细账				
办公桌	张	8	400.00	3 200.00
办公椅	把	10	50.00	500.00
周转材料——包装物明细账				
包装箱	个	200	20.00	4 000.00
在途物资				
A 材料	千克	2 000		2 440.00
B 材料	千克	3 000		6 120.00

（四）2025 年 4 月该公司发生的经济业务（见单据 2-1~单据 2-21）

单据 2-1-1/2

收 料 单

材料科目：材料
材料类别：原料及主要材料
供应单位：黄山有限责任公司　　　2025年4月1日

编　　号：001
收料仓库：1 号仓库
发票号码：007510

材料编号	材料名称	规格	计量单位	数量 应收	数量 实收	实际价格/元 单价	实际价格/元 发票金额	实际价格/元 运费	实际价格/元 合计	计划价格/元 单价	计划价格/元 金额
001	A 材料		千克	2 000	2 000	1.20	2 400.00	40.00	2 440.00		

备注

采购员：李萌　　检验员：李勇　　记账号：张力　　保管员：丁松

单据 2-1-2/2

收 料 单

材料科目：材料
材料类别：原料及主要材料
供应单位：泰山有限责任公司　　　2025年4月1日

编　　号：001
收料仓库：2 号仓库
发票号码：007510

材料编号	材料名称	规格	计量单位	数量 应收	数量 实收	实际价格/元 单价	实际价格/元 发票金额	实际价格/元 运费	实际价格/元 合计	计划价格/元 单价	计划价格/元 金额
002	B 材料		千克	3 000	3 000	2.00	6 000.00	120.00	6 120.00		

备注

采购员：李萌　　检验员：李勇　　记账号：张力　　保管员：丁松

单据 2-2-1/4

领 料 单

字第 1701号

领料部门：基本生产车间　　用途：生产甲产品　　2025年4月2日

品名	规格型号	单位	数量		单价/（元/千克）	金额/元
			请领	实领		
A 材料		千克	2 000	2 000		
物料号码	备注：					

领料部门负责人：高玲　　领料人：王娜　　会计：张力　　发料人：丁松

单据 2-2-2/4

领 料 单

字第 2701号

领料部门：基本生产车间　　用途：生产甲产品　　2025年4月2日

品名	规格型号	单位	数量		单价/（元/千克）	金额/元
			请领	实领		
B 材料		千克	4 000	4 000		
物料号码	备注：					

领料部门负责人：高玲　　领料人：王娜　　会计：张力　　发料人：丁松

单据 2-2-3/4

领 料 单

字第 1702号

领料部门：基本生产车间　　用途：生产乙产品　　2025年4月2日

品名	规格型号	单位	数量		单价/（元/千克）	金额/元
			请领	实领		
A 材料		千克	3 000	3 000		
物料号码	备注：					

领料部门负责人：高玲　　领料人：王娜　　会计：张力　　发料人：丁松

单据 2-2-4/4

领 料 单

字第 2702号

领料部门：基本生产车间　　用途：生产乙产品　　2025年4月2日

品名	规格型号	单位	数量		单价/（元/千克）	金额/元
			请领	实领		
B 材料		千克	3 000	3 000		
物料号码	备注：					

领料部门负责人：高玲　　领料人：王娜　　会计：张力　　发料人：丁松

单据 2-3-1/3

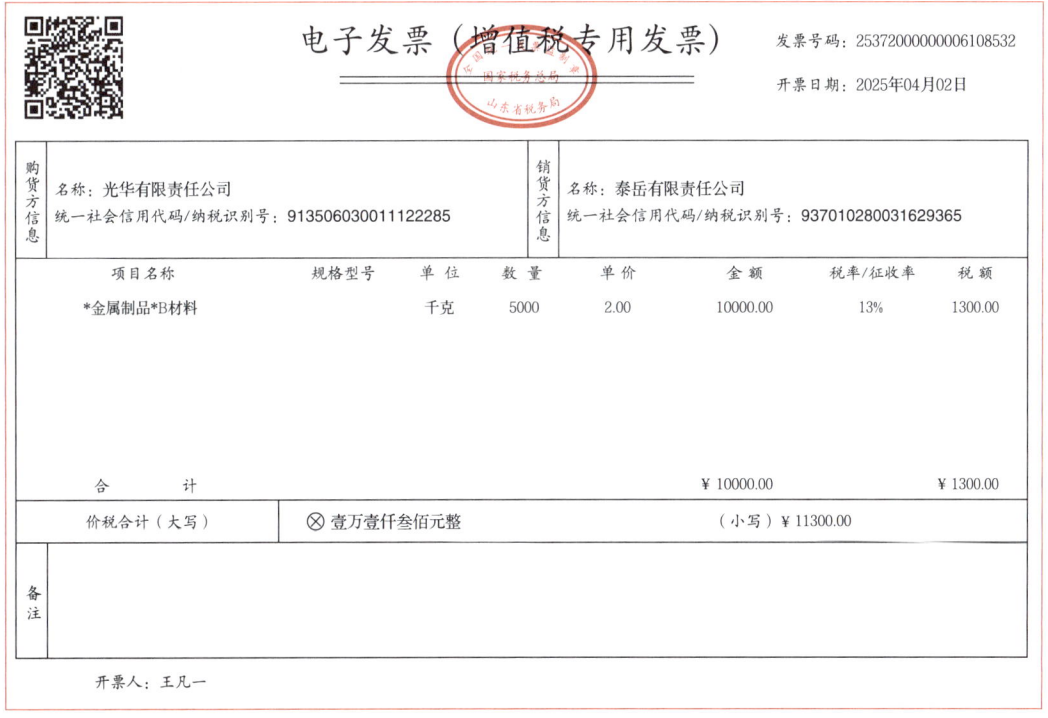

电子发票（增值税专用发票）

发票号码：25372000000006108532
开票日期：2025年04月02日

购货方信息	名称：光华有限责任公司 统一社会信用代码/纳税识别号：913506030011122285
销货方信息	名称：泰岳有限责任公司 统一社会信用代码/纳税识别号：937010280031629365

项目名称	规格型号	单位	数量	单价	金额	税率/征收率	税额
*金属制品*B材料		千克	5000	2.00	10000.00	13%	1300.00

合　　　计　　　　　　　　　　　　　　　￥10000.00　　　￥1300.00

价税合计（大写）　⊗ 壹万壹仟叁佰元整　　　　　（小写）￥11300.00

备注：

开票人：王凡一

单据 2-3-2/3

电子发票（增值税专用发票）

发票号码：25372000000006804326
开票日期：2025年04月02日

货物运输服务

购货方信息
名称：光华有限责任公司
统一社会信用代码/纳税识别号：913506030011122285

销货方信息
名称：山东省鲁兴运输服务有限责任公司
统一社会信用代码/纳税识别号：937345167321878645

项目名称	规格型号	单位	数量	单价	金额	税率/征收率	税额
*运输服务*运费					2400.00	9%	216.00
合 计					¥ 2400.00		¥ 216.00

运输工具种类	运输工具牌号	起运地	到达地	运输货物名称
其他运输工具	鲁J4521K	泰山市	东海市	B材料

价税合计（大写）⊗ 贰仟陆佰壹拾陆元整　　（小写）¥ 2616.00

备注：

开票人：王书伟

单据 2-3-3/3

中国工商银行托收凭证（付款通知）

委托日期2025年4月2日　　委托号码 5

付款期限　年　月　日

业务类型	委托收款（□邮划 □电划）		托收承付（□邮划 ☑电划）	
付款人 全称	光华有限责任公司	**收款人** 全称	泰山有限责任公司	
账号	16030058363803366	账号	232901040000313	
地址	山东省东海市/县	开户行	工商银行东海支行	
		地址	山东省泰山市/县	开户行 农业银行泰中路支行
金额	人民币（大写）壹万叁仟玖佰壹拾陆元整		千 百 十 万 千 百 十 元 角 分 ¥　　　1 3 9 1 6 0 0	
款项内容	货款及运杂费	托收凭据名称	发票	附寄单证张数 2
商品发运情况	已发运		合同名称号码	销001254
备注：代垫运费2616元 付款人开户行收款日期 　　　年　月　日			付款人注意： 1.应于见票当日通知开户银行划款 2.如需拒付，应在规定期限内将拒付理由书并附债务证明提交银行	
复核		记账	付款人开户银行签章 2025年4月2日	

此联为付款人开户银行给付款人的付款通知

单据 2-4-1/1

收 料 单

材料科目：材料　　　　　　　　　　　　　　　　　　　　编　号：002
材料类别：原料及主要材料　　　　　　　　　　　　　　　收料仓库：2号仓库
供应单位：泰山有限责任公司　　2025年4月5日　　　　　　发票号码：03359117

材料编号	材料名称	规格	计量单位	数量		实际价格/元				计划价格/元	
				应收	实收	单价	发票金额	运费	合计	单价	金额
002	B材料		千克	5 000	5 000	2.00	10 000.00	2 400.00	12 400.00		

备注

采购员：李明　　检验员：李勇　　记账号：张力　　保管员：丁松

单据 2-5-1/4

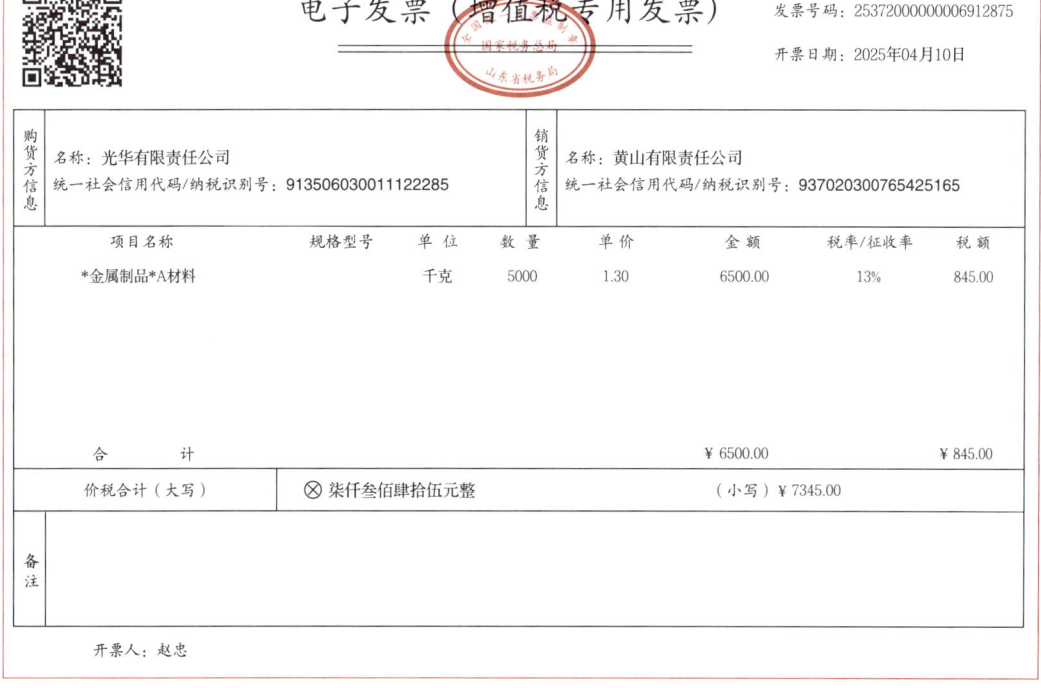

单据 2-5-2/4

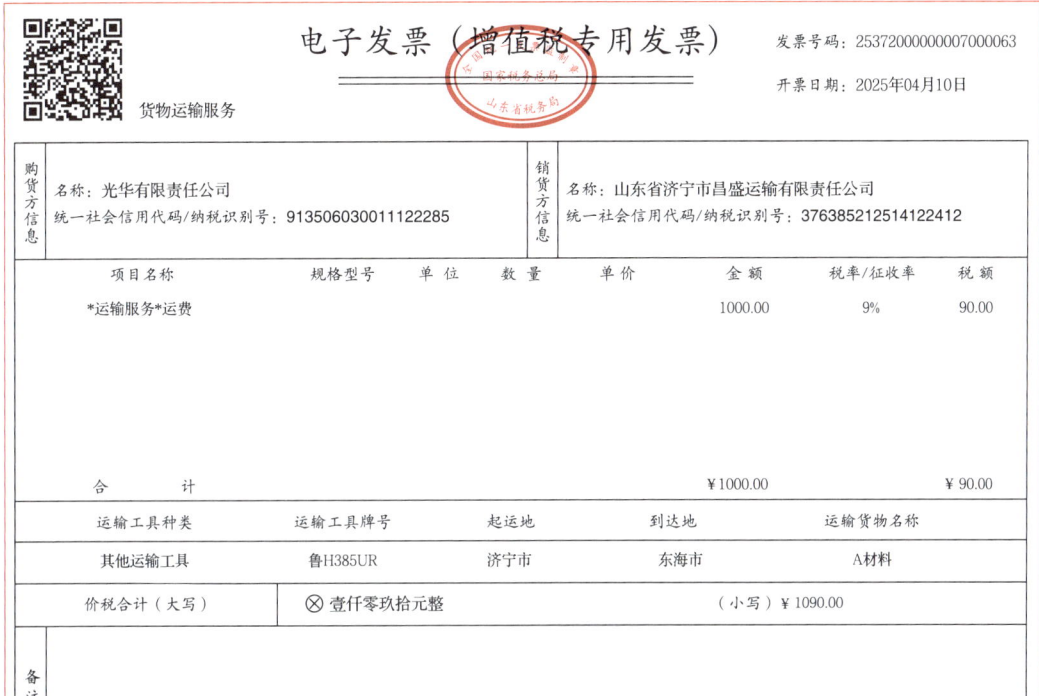

单据 2-5-3/4

收 料 单

材料科目：材料　　　　　　　　　　　　　　　　　　　编　号：002
材料类别：原料及主要材料　　　　　　　　　　　　　　收料仓库：1号仓库
供应单位：黄山有限责任公司　　　2025年4月10日　　　发票号码：03354622

材料编号	材料名称	规格	计量单位	数量		实际价格/元				计划价格/元	
				应收	实收	单价	发票金额	运费	合计	单价	金额
002	A		千克	5 000	4 980	1.3	6 500.00	1 000.00	7 500.00		
备注	短缺20千克属于自然损耗										

采购员：李萌　　检验员：李勇　　记账号：张力　　保管员：丁松

单据 2-5-4/4

中国工商银行托收凭证（付款通知）

委托日期 2025年4月2日　　委托号码 5

付款期限　年　月　日

业务类型	委托收款（□邮划　☑电划）	托收承付（□邮划　□电划）

付款人	全称	光华有限责任公司	收款人	全称	黄山有限责任公司
	账号	16030058363803366		账号	63864010026902902
	地址	山东省东海市/县		地址	山东省淄博市/县
	开户行	工商银行东海支行		开户行	建设银行万杰路分理处

金额	人民币（大写）捌仟肆佰叁拾伍元整	千	百	十	万	千	百	十	元	角	分
					¥	8	4	3	5	0	0

款项内容	货款及运杂费	托收凭据名称	发票	附寄单证张数	2
商品发运情况	已发运	合同名称号码	销001254		

备注：代垫运费1090元
付款人开户行收款日期　年　月　日
复核　　记账

付款人注意：
1. 应于见票当日通知开户银行划款
2. 如需拒付，应在规定期限内将拒付理由书并附债务证明提交银行

(盖章：中国工商银行股份有限公司东滩支行 2025.04.02 核算用章(1))

付款人开户银行签章　2025年4月2日

此联为付款人开户银行给付款人的付款通知

单据 2-6-1/1

材料交库单

材料科目：原材料
材料类别：辅助材料
交库部门：管理部门　　　　编号：6701
交料原因：报废　　　2025年4月14日　　收料仓库：2

材料编号	材料名称及规格	计量单位	数量		单位成本/（元/套）	金额/元
			交库	实收		
	辅助材料	套	8	8	30.00	240.00

备注	管理部门办公桌椅报废，收回残料入库。（其价值已摊销完毕）

仓管员：丁松　　　交料人：李荣

单据 2-7-1/2

领 料 单

字第 3701号

领料部门：管理部门　　用途：管理用　　2025年4月14日

品名	规格型号	单位	数量		单价	金额/元
			请领	实领		
办公桌		张	8	8	400.00元/张	3 200.00
办公椅		把	8	8	50.00元/把	400.00
物料号码	备注：采用分次摊销法摊销，摊销期两年，于每月月末摊销					

领料部门负责人 冯华　　领料人 王奇　　会计 张力　　发料人 丁松

单据 2-7-2/2

领 料 单

字第 2703号

领料部门：基本生产车间　　用途：一般耗用　　2025年4月14日

品名	规格型号	单位	数量		单价/（元/千克）	金额/元
			请领	实领		
B材料		千克	500	500		
物料号码	备注：					

领料部门负责人 高玲　　领料人 王娜　　会计 张力　　发料人 丁松

单据 2-8-1/4

领 料 单

字第 1703号

领料部门：基本生产车间　　用途：生产甲产品　　2025年4月15日

品名	规格型号	单位	数量		单价/（元/千克）	金额/元
			请领	实领		
A材料		千克	1 000	1 000		
物料号码	备注：					

领料部门负责人 高玲　　领料人 王娜　　会计 张力　　发料人 丁松

单据 2-8-2/4

领 料 单

字第 2704号

领料部门：基本生产车间　　用途：生产甲产品　　2025年4月15日

品名	规格型号	单位	数量		单价/（元/千克）	金额/元
			请领	实领		
B 材料		千克	2 000	2 000		
物料号码	备注：					

领料部门负责人：高玲　　领料人：王娜　　会计：张力　　发料人：丁松

单据 2-8-3/4

领 料 单

字第 1704号

领料部门：基本生产车间　　用途：生产乙产品　　2025年4月15日

品名	规格型号	单位	数量		单价/（元/千克）	金额/元
			请领	实领		
A 材料		千克	2 000	2 000		
物料号码	备注：					

领料部门负责人：高玲　　领料人：王娜　　会计：张力　　发料人：丁松

单据 2-8-4/4

领 料 单

字第 2705号

领料部门：基本生产车间　　用途：生产乙产品　　2025年4月15日

品名	规格型号	单位	数量		单价/（元/千克）	金额/元
			请领	实领		
B 材料		千克	4 000	4 000		
物料号码	备注：					

领料部门负责人：高玲　　领料人：王娜　　会计：张力　　发料人：丁松

单据 2-9-1/2

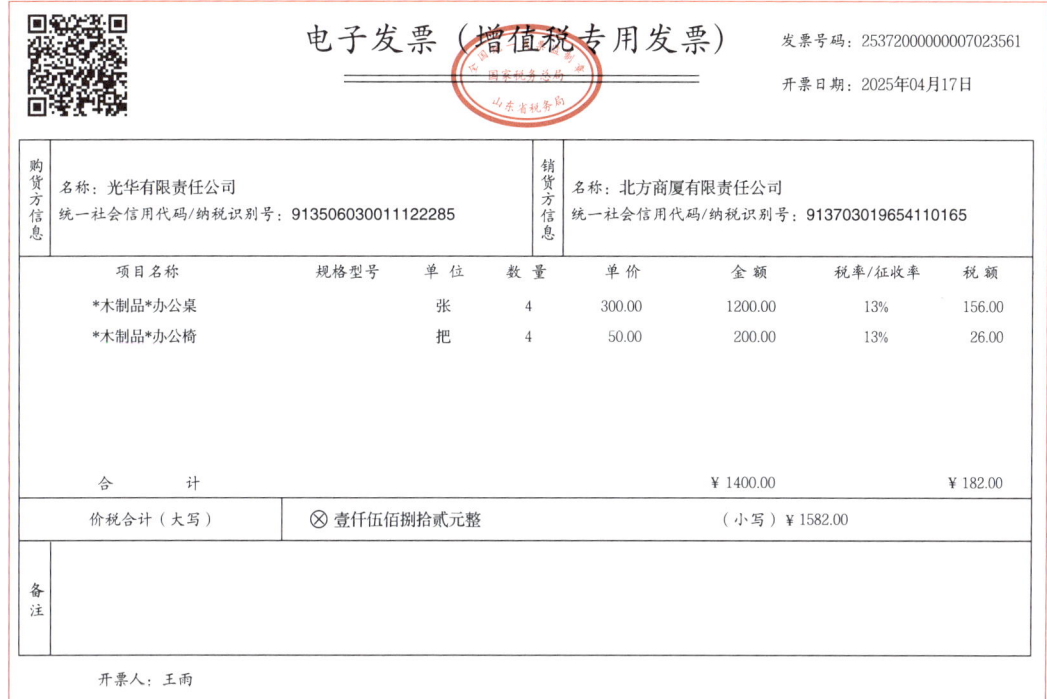

单据 2-9-2/2

单据 2-10-1/5

发 货 单

购货单位：长江股份有限公司　　2025年4月18日　　运输方式：托运　　编号 3254

产品编号	产品名称	单位	数量	单价/元	金额/元	备注
A 111	甲产品	件	1 000			
B 002	乙产品	千克	2 000			

销售部门负责人：张长青　　发货人：丁松　　提货人：王林　　制单：丁松

单据 2-10-2/5

领 料 单

字第 3706号

领料部门：销售部门　　用途：随货销售　　2025年4月18日

品名	规格型号	单位	数量		单价/(元/个)	金额/元
			请领	实领		
包装箱		个	10	10	20	200
物料号码	备注：随同产品出售，不单独计价					

领料部门负责人：王刚　　领料人：王丁　　会计：张力　　发料人：丁松

单据 2-10-3/5

单据 2-10-4/5

中国工商银行   凭证

业务回单（付款）

币别：人民币　　　　2025年04月18日　　　回单编号：16236000789

付款人户名：光华有限责任公司　　　　付款人开户行：工商银行东海支行
付款人账号（卡号）：16030058363803366
收款人户名：通达物流有限责任公司　　　收款人开户行：农业银行东海支行
收款人账号（卡号）：16030056666887
金额：壹仟贰佰元整　　　　　　　　　小写：¥1 200.00元

业务（产品种类）：同城转账　　凭证种类：000000　　凭证号码：000000
摘要：转账　　　　　　　　　　用途：
交易机构：0165780101　　记账柜员：00057　　交易代码：3357　　渠道：网上银行
客户备注：

本回单为第1次打印，注意重复　　打印日期：2025年04月18日　　打印柜员：9　　验证码：254328857864

（自助回单机专用章 01）

单据 2-10-5/5

中国工商银行托收凭证（受理回单）

委托日期2025年4月18日　　委托号码：1

业务类型	委托收款（□邮划 ☑电划）		托收承付（□邮划 □电划）	
付款人	全称	长江股份有限公司	全称	光华有限责任公司
	账号	16030061191144342 66	账号	16030058363803366
	地址	山东省东海市/县	开户行	工商银行红河路支行	地址 山东省东海市/县	开户行 工商银行东海支行

| 金额 | 人民币（大写）叁拾捌万伍仟肆佰元整 | ¥ 千 百 十 万 千 百 十 元 角 分 |
| | | 3 8 5 4 0 0 0 0 |

款项内容	货款	托收凭据名称	发票	附寄单证张数	3
商品发运情况	已发运		合同名称号码	BF178	
备注：代垫运杂费1 200元	款项收妥日期 中国工商银行股份有限公司东滩支行 2025.04.18 核算用章（1） 2025年4月18日	收款人开户行盖章 年 月 日
复核	记账				

此联为收款人开户银行给收款人的受理回单

单据 2-11-1/1

中国工商银行托收凭证（收款通知）

委托日期2025年4月20日　　委托号码：4

付款期限　年　月　日

业务类型	委托收款（□邮划 ☑电划）		托收承付（□邮划 □电划）	
付款人	全称	长江股份有限公司	全称	光华有限责任公司
	账号	16030061191144342 66	账号	16030058363803366
	地址 山东省东海市/县	开户行 工商银行红河路支行	地址 山东省东海市/县	开户行 工商银行东海支行

| 金额 | 人民币（大写）叁拾捌万伍仟肆佰元整 | ¥ 千 百 十 万 千 百 十 元 角 分 |
| | | 3 8 5 4 0 0 0 0 |

款项内容	货款	托收凭据名称	发票	附寄单证张数	3
商品发运情况	已发运		合同名称号码	BF178	
备注：代垫运杂费1 200元	上列款项已划回收入方账户内 中国工商银行股份有限公司东滩支行 2025.04.20 核算用章（1） 2025年4月20日	收款人开户银行签章
复核	记账				

此联为收款人开户银行给收款人的收款通知

单据 2-12-1/3

领 料 单

字第 3707号

领料部门：销售部门　用途：出租　2025年4月21日

品名	规格型号	单位	数量		单价/（元/个）	金额/元
			请领	实领		
包装箱		个	20	20	20	400

物料号码	备注：出租给星光公司，收取押金，包装物一次摊销

领料部门负责人：王刚　领料人：王丁　会计：张力　发料人：丁松

单据 2-12-2/3

领 料 单

字第 3708号

领料部门：基本生产车间　用途：生产甲产品　2025年4月21日

品名	规格型号	单位	数量		单价/（元/个）	金额/元
			请领	实领		
包装箱		个	50	50	20.00	1 000.00

物料号码	备注：

领料部门负责人：高玲　领料人：王娜　会计：张力　发料人：丁松

单据 2-12-3/3

中国工商银行　进账单（收账通知）3

2025年4月21日　　　第3589号

出票人	全　称	星光有限责任公司	收款人	全　称	光华有限责任公司	此联是出票人开户银行交给出票人的收账通知
	账　号	20083647625578		账　号	16030058363803366	
	开户银行	农业银行新城支行		开户银行	工商银行东海支行	

人民币（大写）	伍佰元整	千	百	十	万	千	百	十	元	角	分
					¥	5	0	0	0	0	

票据种类	转账支票
票据张数	1

中国工商银行股份有限公司东滩支行
2025.04.21
核算用章（4）

收款单位开户行盖章

单位主管　　会计　　复核　　记账

单据 2-13-1/1

中国工商银行　电汇凭证（回单）

委托日期 2025年4月23日　　第 1 号

汇款人	全称	光华有限责任公司	收款人	全称	泰山有限责任公司
	账号	16030058363803366		账号	232901040000313
	汇出地点	山东省 东海 市/县		汇入地点	山东省 泰安 市/县
	汇出行名称	工商银行东海支行		汇入行名称	农业银行泰中路支行

金额：人民币（大写）贰万元整　　¥20000.00

汇出行签章：中国工商银行股份有限公司东滩支行 2025.04.23 核算用章（1）

支付密码：
附加信息及用途：预付购货款
复核：　　记账：

此联汇出行给汇款人的回单

单据 2-14-1/1

中国工商银行托收凭证（付款通知）　5

委托日期 2025年4月25日　　委托号码

付款期限　年　月　日

业务类型	委托收款（□邮划 ☑电划）			托收承付（□邮划 □电划）		
付款人	全称	光华有限责任公司	收款人	全称	北方商厦有限责任公司	
	账号	16030058363803366		账号	300587900055188	
	地址	山东省东海市/县	开户行 工商银行东海支行	地址	山东省东海市/县	开户行 工商银行北街支行

金额：人民币（大写）壹仟伍佰捌拾贰元整　　¥1582.00

款项内容	货款	托收凭据名称	发票	附寄单证张数	3
商品发运情况	已经发运		合同名称号码	2390 号	

备注：
付款人开户行收款日期　　年　月　日
复核：　　记账：

中国工商银行股份有限公司东滩支行 2025.04.25 核算用章（1）
付款人开户银行签章 2025年4月25日

付款人注意：
1. 应于见票当日通知开户银行划款
2. 如需拒付，应在规定期限内将拒付理由书并附债务证明提交银行

此联为付款人开户银行给付款人的付款通知

单据 2-15-1/2

领 料 单

字第 1705号

领料部门：管理部门　　用途：修理房屋　　2025年4月26日

品名	规格型号	单位	数量		单价/（元/千克）	金额/元
			请领	实领		
A材料		千克	200	200		
物料号码		备注：				

领料部门负责人：李荣　　领料人：李峰　　会计：张力　　发料人：丁松

单据 2-15-2/2

领 料 单

字第 2706号

领料部门：基本生产车间　　用途：一般耗用　　2025年4月26日

品名	规格型号	单位	数量		单价/（元/千克）	金额/元
			请领	实领		
B材料		千克	100	100		
物料号码		备注：				

领料部门负责人：高玲　　领料人：王娜　　会计：张力　　发料人：丁松

单据 2-16-1/4

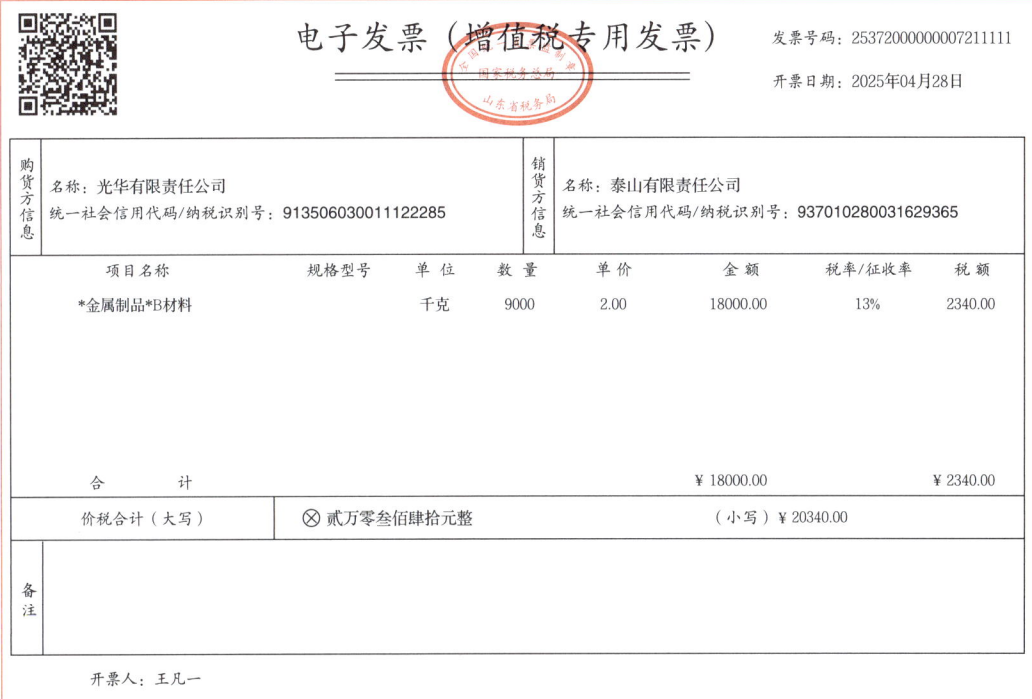

单据 2-16-2/4

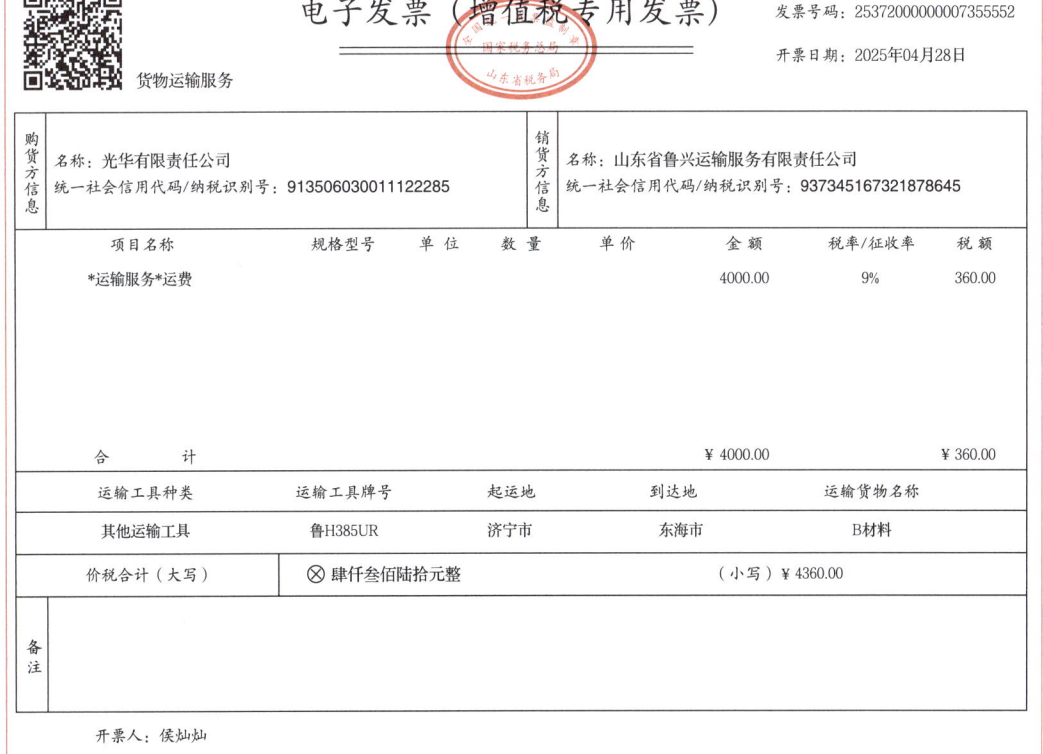

单据 2-16-3/4

单据 2-16-4/4

收 料 单

材料科目：材料　　　　　　　　　　　　　　　　　　　　编　号：002
材料类别：原料及主要材料　　　　　　　　　　　　　　　收料仓库：2号仓库
供应单位：泰山有限责任公司　　2025年4月28日　　　　发票号码：007435

材料编号	材料名称	规格	计量单位	数量		实际价格/元				计划价格/元	
				应收	实收	单价	发票金额	运费	合计	单价	金额
002	B材料		千克	9 000	9 010	2.00	18 000.00	4 000.00	22 000.00		
备注	自然升溢10千克										

采购员 李萌　　检验员 李勇　　记账号 张力　　保管员 丁松

单据 2-17-1/1

发出材料汇总表

2025年4月30日　　　　　　　　　　　　　　　　　　金额单位：元

应贷科目	应借科目	生产成本						制造费用			管理费用			合计		
		甲产品			乙产品											
		数量	单位	金额	数量	单位	金额	数量	单位	金额	数量	单位	金额	数量	单位	金额
原材料	A材料															
	B材料															
	合计															

单据 2-18-1/1

库存商品入库单

交库单位：生产车间　　　　　　　2025年4月30日　　　　　　　　　编号：6702

产品名称	规格	计量单位	交付数量	入库数量	单价/（元/单位）	金额/元	备注
甲产品		件	3 000	3 000	68.00	204 000.00	
乙产品		千克	2 000	2 000	82.00	164 000.00	

检验： 李勇　　　仓库验收： 丁松　　　车间交件人： 高玲

提示：产品完工验收入库。

单据 2-19-1/2

物资盘点表

库存1　　　　　　　　　　2025年4月30日　　　　　　　　　金额单位：元

名称	规格型号	单位	单价	账面数	实有数	盘盈数 数量	盘盈数 金额	盘亏数 数量	盘亏数 金额	盈亏原因	备注
A材料		千克		2 780	2 750			30	40.27	原因待查	

部门主管： 赵一　　　保管员： 丁松　　　复查人： 李勇

单据 2-19-2/2

物资盘点表

库存2　　　　　　　　　　2025年4月30日　　　　　　　　　金额单位：元

名称	规格型号	单位	单价	账面数	实有数	盘盈数 数量	盘盈数 金额	盘亏数 数量	盘亏数 金额	盈亏原因	备注
B材料		千克		11 410	11 430	20	45.20			原因待查	

部门主管： 赵一　　　保管员： 丁松　　　复查人： 李勇

单据 2-20-1/1

长期待摊费用分配表

2025年4月30日　　　　　　　　　　　　　　单位：元

待摊费用项目	待摊金额	分摊比例	本月应摊金额	分配部门	备注
办公桌椅费	3 600.00	1/24	150.00	管理部门	
合计					

主管：赵一　　　记账：张力　　　复核：李勇　　　制表：李小果

单据 2-21-1/1

溢余、短缺处理结果报告单

2025年4月30日

材料名称	规格	计量单位	溢余数量	短缺数量	溢缺原因	处理意见
A材料		千克		30	管理不善	按会计制度处理
B材料		千克	20		自然升溢	

领导签字：赵一

三、实训任务

（1）根据光华有限责任公司期初资料开设在途物资、原材料、周转材料、库存商品等总分类账及所需明细分类账户。（其他账户免登）其中，需要注意以下几点：①原材料、周转材料、库存商品采用数量金额式账页；②在途物资采用专用账页；③其他明细账及总账采用三栏式账页。

（2）根据公司当月发生的各项经济业务（见单据2-1~单据2-21），填制记账凭证。

（3）审核记账凭证，并根据审核无误的记账凭证登记有关明细账。

（4）编制当月科目汇总表，根据科目汇总表登记总账，并进行存货相关的总账和明细账核对。

（5）在Excel中完成以上任务。

四、所需实训材料

序号	种类	数量	备注
1	记账凭证	20张	使用通用记账凭证或者用下列会计分录纸代替
2	总账	4页	单面计算
3	平行式明细账	1页	在途物资明细账
4	数量金额式明细账	9页	单面计算

1. 记账凭证（会计分录纸）

序号	摘要	会计科目	明细科目	记账	借方金额	贷方金额

续表

序号	摘要	会计科目	明细科目	记账	借方金额	贷方金额

续表

序号	摘要	会计科目	明细科目	记账	借方金额	贷方金额

2. 总账

总　账

会计科目：_____

年	月	日	凭证		摘要	借方	贷方	借或贷	余额
			种类	号数					

总　账

会计科目：_____

年	月	日	凭证		摘要	借方	贷方	借或贷	余额
			种类	号数					

总 账

会计科目：

年		凭证		摘要	借方	贷方	借或贷	余额
月	日	种类	号数					

总 账

会计科目：

年		凭证		摘要	借方	贷方	借或贷	余额
月	日	种类	号数					

3. 平行式明细账

在途物资 明细账

科目名称：
材料名称：

年		凭证		摘要	借方				贷方	借或贷	余额
月	日	种类	号数		买价	运杂费	其他	合计			

在途物资 明细账

科目名称：
材料名称：

年		凭证		摘要	借方				贷方	借或贷	余额
月	日	种类	号数		买价	运杂费	其他	合计			

4. 数量金额式明细账

最高储存量：_____
最低储存量：_____
编号：_____

明细账

规格：_____ 品名：_____ 单位：_____

年		凭证号	摘要	收入			发出			结存		
月	日			数量	单价	金额	数量	单价	金额	数量	单价	金额

明细账

最高储存量：＿＿＿
最低储存量：＿＿＿
编号：＿＿＿
规格：＿＿＿
品名：＿＿＿
单位：＿＿＿

年		凭证号	摘要	收入			发出			结存		
月	日			数量	单价	金额	数量	单价	金额	数量	单价	金额

明细账

最高储存量：_____
最低储存量：_____
编号：_____ 规格：_____ 品名：_____ 单位：_____

年		凭证号	摘要	收入			发出			结存		
月	日			数量	单价	金额	数量	单价	金额	数量	单价	金额

最高储存量：_____
最低储存量：_____
编号：_____

明细账

规格：_____ 品名：_____ 单位：_____

年		凭证号	摘要	收入			发出			结存		
月	日			数量	单价	金额	数量	单价	金额	数量	单价	金额

明细账

最高储存量：_____
最低储存量：_____
编号：_____ 规格：_____ 品名：_____ 单位：_____

年		凭证号	摘要	收入			发出			结存		
月	日			数量	单价	金额	数量	单价	金额	数量	单价	金额

明细账

最高储存量：_____
最低储存量：_____
编号：_____ 规格：_____ 品名：_____ 单位：_____

年		凭证号	摘要	收入			发出			结存		
月	日			数量	单价	金额	数量	单价	金额	数量	单价	金额

明细账

最高储存量：_____
最低储存量：_____
编号：_____   规格：_____   品名：_____   单位：_____

年		凭证号	摘要	收入			发出			结存		
月	日			数量	单价	金额	数量	单价	金额	数量	单价	金额

明细账

最高储存量：_____
最低储存量：_____
编号：_____ 规格：_____ 品名：_____ 单位：_____

年		凭证号	摘要	收入			发出			结存		
月	日			数量	单价	金额	数量	单价	金额	数量	单价	金额

明细账

最高储存量：_____
最低储存量：_____
编号：_____
规格：_____
品名：_____
单位：_____

年		凭证号	摘要	收入			发出			结存		
月	日			数量	单价	金额	数量	单价	金额	数量	单价	金额

五、实训答案

记账凭证

原材料、周转材料、库存商品明细账

在途物资明细账

原材料、周转材料、库存商品总账

项目三 存货按计划成本计价核算实训

一、实训目标

在计划成本计价核算法下，能正确地审核存货业务的原始凭证，并根据原始凭证编制记账凭证；能登记材料采购和材料成本差异明细账。培养学生遵守"三坚三守"的会计职业道德规范和严谨细致的会计工匠精神。

二、实训背景资料

（一）公司概况

光华有限责任公司是增值税一般纳税人，增值税税率为13%。企业生产丙产品，需要用C、D两种原材料。

出纳：丁凡；会计：张力；主管：赵一；保管员：丁松。

开户银行：工商银行东海支行；行号：37930。

账号：16030058363803366。

统一社会信用代码：913506030011122285。

联系电话：0198-27606068。

公司地址：东海市南京路677号。

（二）生产经营存货购进环节的核算要求

原材料采用计划成本核算，C材料计划单位成本为10元/千克，D材料的计划单位成本为8元/千克。

（三）有关账户期初余额

1. 总分类账的期初余额见表 3-1。

表 3-1　　　　　　　　　　　　　　　　　　　　　　　　　　　单位：元

会计科目	金额
材料采购	45 000.00
原材料	92 000.00
材料成本差异	760.00

2. 明细账的期初余额见表 3-2。

表 3-2　　　　　　　　　　　　　　　　　　　　　　　　　　　单位：元

名称	计量单位	数量	单价	金额
原材料明细账				
C 材料	千克	6 000	10.00	60 000.00
D 材料	千克	4 000	8.00	32 000.00
材料采购明细账				
C 材料	千克	2 000		20 400.00
D 材料	千克	3 000		24 600.00
材料成本差异明细账				
C 材料				1 080.00
D 材料				-320.00

（四）2025 年 5 月经济业务（见单据 3-1~单据 3-10）

单据 3-1-1/1

限额领料单

领料单位：生产车间
用　途：生产丙产品　　　　　　2025年5月2日　　　　　　发料仓库：5 号库

材料类别	材料编号	材料名称及规格	计量单位	全月领用限额	实际领用			计划单价
					数量	单位成本	金额	
原材料		D 材料	千克	2 000				8.00

日期	请领		实发		退回			限额结余
	数量	领料单位负责人签章	数量	发料人签章	领料人签章	数量	收料人签章	退料人签章	
5.2	1 200	李彬	1 200	张小宁	李彬				800

生产计划部门负责人　张永　　供应部门负责人　秦伟华　　仓库负责人　张小宁

单据 3-2-1/1

收 料 单

材料科目：原材料　　　　　　　　　　　　　　　　　　　编　　号：011
材料类别：原料及主要材料　　　　　　　　　　　　　　　收料仓库：5号仓库
供应单位：山头公司　　　　　2025年5月5日　　　　　　发票号码：007510

材料编号	材料名称	规格	计量单位	数量		实际价格/元				计划价格/元	
				应收	实收	单价	发票金额	运费	合计	单价	金额
011	C材料		千克	2 000	2 000	9.80	19 600.00	800.00	20 400.00	10.00	20 000.00
备注											

采购员：李荫　　检验员：李勇　　记账员：张力　　保管员：丁松

单据 3-3-1/2

领 料 单

字第 8702号
单位：元

领料部门：采购科　　用途：委托加工Y零件　　2025年5月9日

品名	规格型号	单位	数量		计划单价	金额	材料成本差异
			请领	实领			
C材料		千克	800	800	10.00	8 000.00	144.00
物料号码	备注：按月初材料成本差异率1.8%计算发出材料应承担的材料成本差异						

领料部门负责人：蓝天　　领料人：陆海云　　会计：张力　　发料人：丁松

单据 3-3-2/2

电子发票（增值税专用发票）

发票号码：25372000000007358963
开票日期：2025年05月09日

货物运输服务

购货方信息	名称：光华有限责任公司 统一社会信用代码/纳税识别号：913506030011122285	销货方信息	名称：天天运输有限责任公司 统一社会信用代码/纳税识别号：370102450312568321

项目名称	规格型号	单位	数量	单价	金额	税率/征收率	税额
*运输服务*运费					300.00	9%	27.00
合　计					￥300.00		￥27.00

运输工具种类	运输工具牌号	起运地	到达地	运输货物名称
其他运输工具	鲁K54721	东海市	东海市	C材料

价税合计（大写）　⊗ 叁佰贰拾柒元整　　　（小写）￥327.00

备注：

开票人：王淑婷

单据 3-4-1/1

收　料　单

材料科目：原材料　　　　　　　　　　　　　　　　编　号：015
材料类别：原料及主要材料　　　　　　　　　　　　收料仓库：6号仓库
供应单位：大力公司　　　2025年5月9日　　　　　发票号码：008012

材料编号	材料名称	规格	计量单位	数量		实际价格/元				计划价格/元	
				应收	实收	单价	发票金额	运费	合计	单价	金额
015	D材料		千克	3 000	2 980	7.50	22 500.00	2 100.00	24 600.00	8.00	23 840.00

备注：20千克属自然损耗

采购员：李荫　　检验员：李勇　　记账员：张力　　保管员：丁松

单据 3-5-1/1

领 料 单

领料部门：生产车间　　用途：一般耗用　　2025年5月15日　　字第 3802号

品名	规格型号	单位	数量		单价/（元/千克）	金额/元
			请领	实领		
C 材料		千克	20	20	10.00	200.00
物料号码						

领料部门负责人：汪淑红　　领料人：李 兰　　会计：张 力　　发料人：丁松

单据 3-6-1/1

限额领料单

领料单位：生产车间　　　　　　　　　　　　　　　编号：
用　　途：生产丙产品　　2025年5月18日　　　　　发料仓库：5 号库

材料类别	材料编号	材料名称及规格	计量单位	全月领用限额	实际领用			备注
					数量	单位成本	金额	计划单价
原材料		D 材料	千克	2 000				8.00
日期	请领		实发			退回		限额结余
	数量	领料单位负责人签章	数量	发料人签章	领料人签章	数量	收料人签章	退料人签章	
5.2	1 200	李彬	1 200	张小宁	李彬				800
5.18	600	李彬	600	张小宁	李彬				200

生产计划部门负责人：张 永　　供应部门负责人：秦伟华　　仓库负责人：张小宁

单据 3-7-1/3

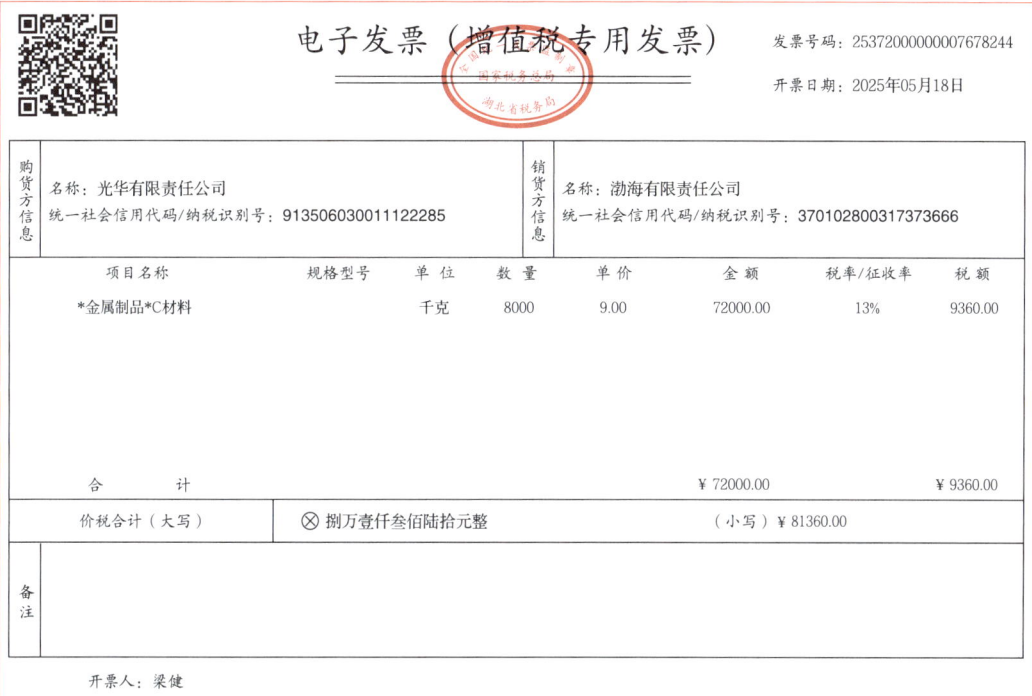

单据 3-7-2/3

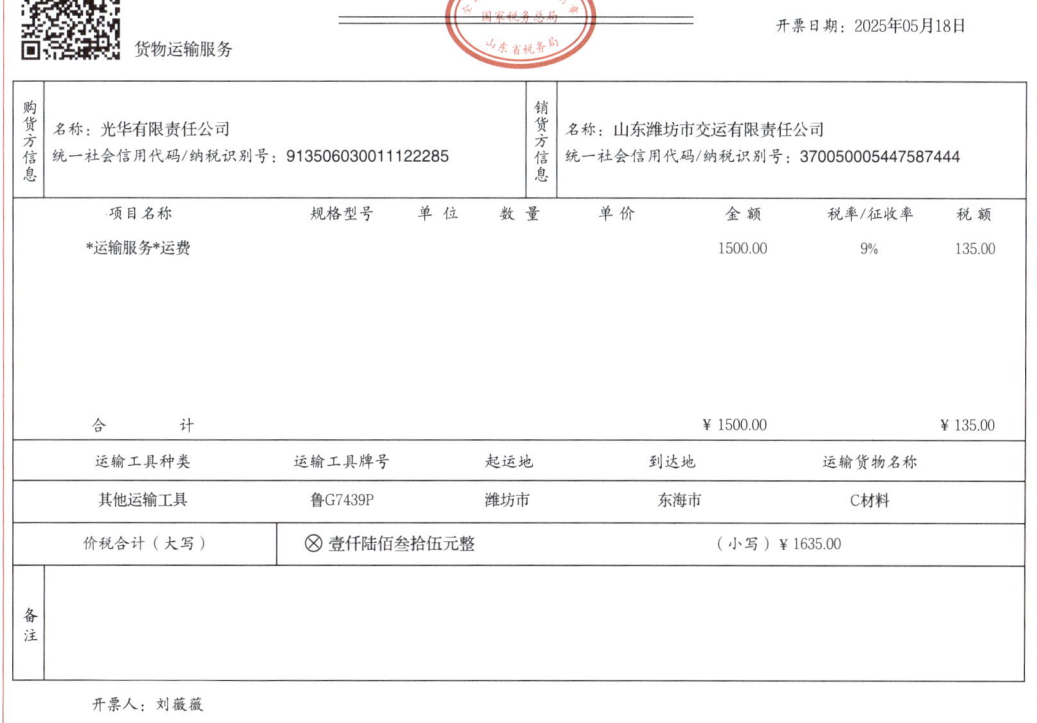

单据 3-7-3/3

中国工商银行托收凭证（付款通知）

委托日期 2025年5月20日
委托号码 5
付款期限　年　月　日

业务类型	委托收款（□邮划 ☑电划）		托收承付（□邮划 □电划）	
付款人	全称	光华有限责任公司	全称	渤海有限责任公司
	账号	16030058363803366	账号	232901040055817
	地址	山东省东海市/县	地址	山东省渤海市/县
	开户行	工商银行东海支行	开户行	农业银行渤海市开发区支行

金额：人民币（大写）捌万贰仟玖佰玖拾伍元整　¥ 82 995.00

款项内容：货款　托收凭据名称：发票　附寄单证张数：3
商品发运情况：已经发运　合同名称号码：01-6785
备注：代垫运费1 500元

付款人开户行收款日期　　年　月　日
复核　　　　记账

（中国工商银行股份有限公司东海支行 2025.05.20 核算用章（1））

付款人开户银行签章 2025年5月20日

此联为付款人开户银行给付款人的付款通知

单据 3-8-1/1

收 料 单

材料科目：原材料　　　　　　　　　　　　　　　　　编　号：016
材料类别：原料及主要材料　　　　　　　　　　　　　收料仓库：6号仓库
供应单位：渤海有限责任公司　　2025年5月25日　　　发票号码：008018

材料编号	材料名称	规格	计量单位	数量		实际价格/元				计划价格/元	
				应收	实收	单价	发票金额	运费	合计	单价	金额
016	C材料		千克	8 000	8 010	9.00	72 000.00	1 500.00	73 500.00	10.00	80 100.00

备注：10千克属自然升溢

采购员：余勇利　　检验员：李勇　　记账员：张力　　保管员：丁松

单据 3-9-1/1

限额领料单

领料单位：生产车间　　　　　　　　　　　　　　　　　　　　编号：
用　途：生产丙产品　　　　2025年5月28日　　　　　　　　　发料仓库：5号库

材料类别	材料编号	材料名称及规格	计量单位	全月领用限额	实际领用			备注
					数量	单位成本	金额	计划单价
原料		C材料	千克	3 500				10.00

日期	请领		实发			退回			限额结余
	数量	领料单位负责人签章	数量	发料人签章	领料人签章	数量	收料人签章	退料人签章	
5.28	2 000	李彬	2 000	张小宁	李彬				1 500

生产计划部门负责人：张永　　供应部门负责人：秦伟华　　　　　　仓库负责人：张小宁

单据 3-10-1/2

材料成本差异分配计算表

2025年5月

材料名称	差异分配率算式	差异分配率
C材料		
D材料		

材料成本差异分配率计算公式：

$$\frac{\text{月初结存材料成本差异额} + \text{本月收入材料成本差异额}}{\text{月初结存材料计划成本} + \text{本月收入材料计划成本}} \times 100\%$$

单据 3-10-2/2

材料成本差异分配计算表

2025年5月

用途	耗用材料	计划成本	材料成本差异率	材料成本差异	备注
生产产品	C材料				
	D材料				
车间一般耗用	C材料				

三、实训任务

（1）根据光华有限责任公司期初资料开设材料采购、原材料、材料成本差异等总分类账及所需明细分类账户。（其他账户免登）其中，需要注意以下几点：①原材料采用数量金额式账页；②材料采购、材料成本差异采用专用账页。

（2）根据公司当月发生的各项经济业务填制记账凭证，并将原始单据附于凭证后面。

（3）审核记账凭证，并根据审核无误的记账凭证登记有关明细账。

（4）编制记账凭证，直接登记总账。

四、实训所需材料

序号	种类	数量	备注
1	记账凭证	12张	使用通用记账凭证或者用下列会计分录纸代替
2	总账	4页	单面计算
3	材料采购明细账	2页	单面计算
4	材料成本差异明细账	2页	单面计算
5	数量金额式明细账	2页	单面计算

1. 记账凭证（会计分录纸）

序号	摘要	会计科目	明细科目	记账	借方金额	贷方金额

续表

序号	摘要	会计科目	明细科目	记账	借方金额	贷方金额

2. 总账

总　账

会计科目：_____

年	月	日	凭证		摘要	借方	贷方	借或贷	余额
			种类	号数					

总　账

会计科目：_____

月	日	凭证 种类	凭证 号数	摘要	借方	贷方	借或贷	余额

总 账

会计科目：_____

年		凭证		摘要	借方	贷方	借或贷	余额
月	日	种类	号数					

总　账

会计科目：＿＿＿＿＿＿＿

年		凭证		摘要	借方	贷方	借或贷	余额
月	日	种类	号数					

3. 材料采购明细账

材料采购　明细账

科目名称：
材料名称：

年		凭证		摘要	借方				年		凭证		摘要	贷方			借或贷	成本差异
月	日	种类	号数		买价	运杂费	其他	合计	月	日	种类	号数		计划成本	其他	合计		

材料采购 明细账

科目名称：
材料名称：

年		凭证		摘要	借方				贷方			借或贷	成本差异
月	日	种类	号数		买价	运杂费	其他	合计	计划成本	其他	合计		

4. 材料成本差异明细账

材料成本差异明细账

材料名称：

年		凭证		摘要	收入（实际成本）			差异率	发出（计划成本）			收入（实际成本）		
月	日	种类	号数		计划成本	借方差异（超支）	贷方差异（节约）		计划成本	借方差异（超支）	贷方差异（节约）	计划成本	借方差异（超支）	贷方差异（节约）

材料成本差异明细账

材料名称：

年		凭证		摘要	收入（实际成本）			发出（计划成本）			差异率	收入（实际成本）		
月	日	种类	号数		计划成本	借方差异（超支）	贷方差异（节约）	计划成本	借方差异（超支）	贷方差异（节约）		计划成本	借方差异（超支）	贷方差异（节约）

5. 数量金额式明细账

最高储存量：＿＿＿＿
最低储存量：＿＿＿＿

明细账

编号：＿＿＿＿ 规格：＿＿＿＿ 品名：＿＿＿＿ 计划单价：＿＿＿＿ 单位：＿＿＿＿

年		凭证号	摘要	收入			发出			结存		
月	日			数量	单价	金额	数量	单价	金额	数量	单价	金额

明细账

最高储存量：_____
最低储存量：_____
编号：_____ 规格：_____ 品名：_____ 计划单价：_____ 单位：_____

年		凭证号	摘要	收入			发出			结存		
月	日			数量	单价	金额	数量	单价	金额	数量	单价	金额

五、实训答案

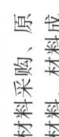
 材料采购、原材料、材料成本差异总账

 原材料明细账

 材料成本差异明细账

 材料采购明细账

 记账凭证

项目四

金融资产及长期股权投资核算实训

一、实训目标

能正确地填制和审核金融资产和长期股权投资业务的原始凭证，并能正确地填制记账凭证。培养学生遵守"三坚三守"的会计职业道德规范和严谨细致的会计工匠精神。

二、实训背景资料

（一）光华有限责任公司2023—2025年发生的部分投资业务

1. 光华有限责任公司为了提高闲置资金的收益率，利用闲置资金以赚取差价为目的从二级市场购买股票。公司在齐鲁证券公司开设了资金账户，委托齐鲁证券公司代理股票交易。股票交易税费包括印花税、证券公司佣金、过户费等。印花税为交易金额的1‰；证券公司佣金按成交金额的3‰收取；过户费为成交股票面值的1‰（最低1元）。为了简化核算，公司在每年的6月30日和12月31日对交易性金融资产的公允价值进行调整。

2. 光华有限责任公司与华联实业有限责任公司（简称"华联公司"）签订股权增资协议书，以货币资金购买华联公司的股票4 000 000股，每股1元。其中，每股价格包含已宣告尚未分派的现金股利0.1元，占华联公司51%的股份，并准备长期持有，该公司股份不存在公开交易的市场。

3. 光华有限责任公司以银行存款 2 000 万元购入鲁华电子设备有限公司 40 万股股票，占鲁华电子设备有限公司 30% 的股份，对鲁华电子设备有限公司的财务和经营政策具有重大影响。

（二）2023—2024 年该公司有关业务原始凭证（见单据 4-1~单据 4-12）

单据 4-1-1/1

中国工商银行

业务回单（付款） 凭证

币别：人民币	2023年04月01日	回单编号：162360005740
付款人户名：光华有限责任公司		付款人开户行：工商银行东海支行
付款人账号（卡号）：16030058363803366		
收款人户名：光华有限责任公司		收款人开户行：齐鲁证券有限责任公司
收款人账号（卡号）：16010247090245888888		
金额：壹佰伍拾万元整		小写：1 500 000.00元
业务（产品种类）：同城转账	凭证种类：000000	凭证号码：000000
摘要：转款	用途：准备购买股票	
交易机构：0165780021	记账柜员：00024	交易代码：3324	渠道：网上银行
客户备注：		
本回单为第1次打印，注意重复	打印日期：2023年04月01日	打印柜员：9	验证码：254328847656

（中国工商银行股份有限公司东海支行自助回单机专用章（01））

单据 4-2-1/1

成交过户交割单

2023年04月20日

股东编号：	A127 896 321（存）	成交证券：	海通证券（股票代码600837）
电脑代号：	147 258	成交数量：	10 000（股）
股票代码：	369	成交价格：	22.40
申请编号：	999	成交金额：	224 000.00
申报时间：	10：42：22		
		标准佣金：	672.00
成交时间：	10：46：20	过户费用：	10.00
上次余额：	0（股）	印花税：	0.00
本次买入：	10 000（股）	应付金额：	224 682.00
本次卖出：	0（股）	实付金额：	224 682.00
本次库存：	10 000（股）		
经办单位：		客户签章：	

（齐鲁证券有限责任公司 / 光华有限责任公司 财务专用章）

单据 4-3-1/2

海通证券股份有限公司
2022年度利润分配实施公告

本公司及董事会全体成员保证公告内容的真实、准确和完整，对公告的虚假记载、误导性陈述或者重大遗漏负连带责任。

重要内容提示：
  每股派发现金红利人民币 0.25 元（含税），每 10 股派发现金红利人民币 2.50 元（含税）。
  扣税前每股现金红利人民币 0.25 元，扣税后 A 股个人股东和证券投资基金每股现金红利人民币 0.237 5 元、A 股合格境外机构投资者（"QFII"）股东每股现金红利人民币 0.225 元（若适用）、沪股通香港市场投资者（包括企业和个人）股东每股现金红利人民币 0.225 元。
  股权登记日：2023 年 7 月 3 日。
  除息日及现金红利发放日：2023 年 7 月 6 日
  H 股股东的现金红利发放不适用本公告。
  ……

2023 年 6 月 21 日

单据 4-3-2/2

应收股利计算表
2023年06月21日
单位：元

投资项目	持有份数	每股现金股利	应收股利
海通证券股票	10 000 股	0.237 5	2 375.00
合计			2 375.00

主管：赵一   制表：张力

单据 4-4-1/1

成交过户交割单
2023年06月22日

股东编号：	A127 896 321（存）	成交证券：	海通证券（股票代码 600837）
电脑代号：	147 258	成交数量：	20 000（股）
公司代码：	369	成交价格：	26.50
申请编号：	999	成交金额：	530 000.00
申报时间：	9:45:22	标准佣金：	1 590.00
成交时间：	9:46:20	过户费用：	20.00
上次余额：	10 000（股）	印花税：	0.00
本次买入：	20 000（股）		
本次卖出：	0（股）	应付金额：	531 610.00
本次库存：	30 000（股）	实付金额：	531 610.00
经办单位：		客户签章：	

（齐鲁证券有限责任公司） （光华有限责任公司 财务专用章）

注：购入价款中含已宣告发放但尚未领取的股票股利。

单据 4-5-1/1

交易性金融资产公允价值变动损益计算表

2023年6月30日　　　　　　　　　　　　　　　　　单位：元

投资项目	持有份数	单位市价	账面成本	市价总额	公允价值变动损益账户余额	应确认损益
合计						

主管：　　　　　　　　　　制表：

注：2023 年 6 月 30 日，假设海通证券收盘价每股 21.80 元。

单据 4-6-1/1

成交过户交割单

2023年07月06日

股东编号：	A127 896 321（存）	成交证券：	海通证券（股票代码600837）
电脑代号：	147 258	成交数量：	30 000（股）
公司代号：	369	成交价格：	0.237 5
申请编号：	999	成交金额：	7 125.00
申报时间：	10：20：22	标准佣金：	
成交时间：		过户费用：	
上次余额：		印花税：	0.00
本次买入：			
本次卖出：		应收金额：	7 125.00
本次库存：		实收金额：	7 125.00
经办单位：		客户签章：	

注：收到海通证券发放的 2023 年度现金股利。

单据 4-7-1/1

成交过户交割单

2023年09月20日

股东编号：	A127 896 321（存）	成交证券：	海通证券（股票代码 600837）
电脑代号：	147 258	成交数量：	6 000（股）
公司代号：	369	成交价格：	24.80
申请编号：	999	成交金额：	148 800.00
申报时间：	9:33:27	标准佣金：	446.40
成交时间：	9:34:00	过户费用：	6.00
上次余额：	30 000（股）	印花税：	148.80
本次买入：	0（股）		
本次卖出：	6 000（股）	应收金额：	148 198.80
本次库存：	24 000（股）	实收金额：	148 198.80
经办单位：		客户签章：	

（齐鲁证券有限责任公司 印章；××华有限责任公司 财务专用章）

单据 4-8-1/1

交易性金融资产公允价值变动计算表

2023年12月31日　　　　　单位：元

投资项目	持有份数	单位市价	账面成本	市价总额	公允价值变动损益账户余额	应确认损益
海通证券股票						
合计						

主管：　　　　　复核：　　　　　制表：

注：2023 年 12 月 31 日，假设海通证券收盘价每股 25.80 元。

单据 4-9-1/2

股权增资协议书

　　2024年5月28日，由光华有限责任公司（以下简称"光华公司"）以货币资金购买华联实业有限责任公司（以下简称"华联公司"）的股票4 000 000股，每股1元，其中每股价格中包含已宣告尚未分派的现金股利0.1元，占华联公司51%的股份，并准备长期持有，该公司股份不存在公开交易的市场。华联公司应按光华公司所占股份，根据董事会决议给以分配红利。光华公司应按所占股份比例承担华联公司的亏损额。

　　本协议自签字之日起生效，若一方违约，按有关法律条款处理。

投资方
单位名称（章）：光华有限责任公司
开户银行：工商银行东海支行
账号：16030058363803366
单位地址：山东省东海市南京路677号
电话：0198-27606068
法人代表：
日期：2024年05月28日

接受投资方
单位名称（章）：华联实业有限责任公司
开户银行：中国建设银行济南市长清支行
账号：6227003878733333331
单位地址：山东省济南市长清区清河街58号
电话：0531-82407578
法人代表：
日期：2024年05月28日

单据 4-9-2/2

中国工商银行　　　　　　　　　　　凭证
业务回单（付款）

币别：人民币	2024年05月28日	回单编号：1623600578412	
付款人户名：光华有限责任公司		付款人开户行：工商银行东海支行	
付款人账号（卡号）：16030058363803366			
收款人户名：华联实业有限责任公司		收款人开户行：中国建设银行济南市长清支行	
收款人账号（卡号）：6227003878733333331			
金额：肆仟万元整		小写：40 000 000.00元	
业务（产品种类）：同城转账	凭证种类：000000	凭证号码：000000	
摘要：转款	用途：购买公司股份		
交易机构：0165780021	记账柜员：00024	交易代码：3324	渠道：网上银行
客户备注：			
本回单为第1次打印，注意重复	打印日期：2024年05月28日	打印柜员：9	验证码：254328857841

注：华联实业有限责任公司 2024 年 5 月 9 日宣布分配 2023 年度的现金股利，每股 0.15 元，并于 6 月 20 日发放。

单据 4-10-1/2

股权增资协议书

2024年6月3日,光华有限责任公司以银行存款2 000万元购入鲁华电子设备有限公司40万股股票,占鲁华电子设备有限公司30%的股份,对鲁华电子设备有限公司的财务和经营政策具有重大影响。鲁华电子设备有限公司应按光华有限责任公司所占股份,根据董事会决议给以分配红利。光华有限责任公司应按所占股份比例承担鲁华电子设备有限公司的亏损额。

本协议自签字之日起生效,若一方违约,按有关法律条款处理。

投资方	接受投资方
单位名称(章):光华有限责任公司	单位名称(章):鲁华电子设备有限公司
开户银行:工商银行东海支行	开户银行:中国工商银行淄博市支行
账号:16030058363803366	账号:6220264445556366363
单位地址:东海市南京路677号	单位地址:山东省淄博市中心路158号
电话:0198-27606068	电话:0533-37899999
法人代表:迟 跃	法人代表:江 长
2024年06月03日	2024年06月03日

提示:采用权益法核算。

单据 4-10-2/2

中国工商银行   凭证

业务回单(付款)

币别:人民币   2024年06月03日   回单编号:162360004722

付款人户名:光华有限责任公司   付款人开户行:工商银行东海支行

付款人账号(卡号):16030058363803366

收款人户名:鲁华电子设备有限公司   收款人开户行:中国工商银行淄博市支行

收款人账号(卡号):6220264445556366363

金额:贰仟万元整   小写:20 000 000.00元

业务(产品种类):异地转账   凭证种类:000000   凭证号码:000000

摘要:转款   用途:购买公司股份

交易机构:0165780021   记账柜员:00024   交易代码:3724   渠道:网上银行

客户备注:

本回单为第1次打印,注意重复   打印日期:2024年06月03日   打印柜员:9   验证码:25432885786

单据 4-11-1/1

长期股权投资损益调整表

2024年12月31日

公司名称	2024年净损益	持股比例	确认收益
鲁华电子设备有限公司	1 500 000	30%	450 000

注:对鲁华电子设备有限公司的长期股权投资采用权益法核算。

主管:赵 一   审核:于得水   制表人:张 力

单据 4-12-1/2

股权转让协议书

　　今由光华有限责任公司与济南祺瑞有限责任公司（以下简称"祺瑞公司"）签订协议，将其所持有的鲁华电子设备有限公司的30%股权全部转让给祺瑞公司。股权转让协议如下：

　　（1）股权转让协议在经光华有限责任公司和祺瑞公司的临时股东大会批准后生效；

　　（2）股权转让价款总额为2 100万元，协议生效日祺瑞公司支付股权转让价款总额的80%，股权过户手续办理完成支付股权转让价款总额的20%。

　　本协议自签字之日起生效，若一方违约，按有关法律条款处理。

转让方	接受转让方
单位名称（章）：光华有限责任公司	单位名称（章）：济南祺瑞有限责任公司
开户银行：工商银行东海支行	开户银行：中国农业银行济南无影山路支行
账号：1603005836389366	账号：6228009222283333333
单位地址：东海市南京路677号	单位地址：山东省济南市无影山路478号
电话：0198-27606068	电话：0531-84074977
法人代表：鲁跃进	法人代表：赵文超
2024年06月30日	2024年06月30日

单据 4-12-2/2

中国工商银行

业务回单（收款）　　　凭证

币别：人民币	2024年06月30日	回单编号：162360009787
付款人户名：济南祺瑞有限责任公司		付款人开户行：中国农业银行济南无影山路支行
付款人账号（卡号）：6228009222283333333		
收款人户名：光华有限责任公司		收款人开户行：齐鲁证券有限责任公司
收款人账号（卡号）：1601024709024588888		
金额：贰仟壹佰万元整		小写：21 000 000.00元
业务（产品种类）：同城转账	凭证种类：000000	凭证号码：000000
摘要：转款	用途：购买股权	
交易机构：0165780021	记账柜员：00024	交易代码：3324　渠道：网上银行
客户备注：		
本回单为第1次打印，注意重复	打印日期：2024年06月30日	打印柜员：9　验证码：25433768542

三、实训任务

根据背景资料编制光华有限责任公司相关记账凭证。

四、所需实训材料

序号	种类	数量	备注
1	记账凭证	13 张	使用通用记账凭证或者用下列会计分录纸代替

记账凭证（会计分录纸）

序号	摘要	会计科目	明细科目	记账	借方金额	贷方金额

续表

序号	摘要	会计科目	明细科目	记账	借方金额	贷方金额

五、实训答案

实训四答案

项目五

固定资产核算实训

一、实训目标

能够正确地审核固定资产核算业务的原始凭证,编制固定资产折旧计算表并编制记账凭证。培养学生"三坚三守"的会计职业道德规范和严谨细致的会计工匠精神。

二、实训背景资料

(一)公司概况

光华有限责任公司是增值税一般纳税人,增值税税率为13%,有关情况如下。

出纳:丁凡;会计:张力;主管:赵一。

开户银行:工商银行东海支行;行号:37930。

账号:16030058363803366。

统一社会信用代码:913506030011122285。

联系电话:0198-27606068。

公司地址:东海市南京路677号。

（二）6月有关总账账户期初余额（见表5-1）

表5-1 金额单位：元

账户名称	期初余额
固定资产	20 000 000.00
固定资产清理	
累计折旧	850 000.00
在建工程——自营仓库工程	206 000.00 （其中材料费 120 000.00，人工费 50 000.00，其他费用 36 000.00）
工程物资	340 000.00

（三）有关固定资产的核算方法

固定资产采用平均年限法计提折旧，工程物资采用实际成本核算。

（四）6月发生的有关经济业务（见单据5-1~单据5-17）

单据 5-1-1/3

中国工商银行

业务回单（付款） 凭证

币别：人民币　　2025年06月02日　　回单编号：162360008674

付款人户名：光华有限责任公司　　付款人开户行：工商银行东海支行

付款人账号（卡号）：16030058363803366

收款人户名：华洋电子设备有限责任公司　　收款人开户行：农业银行南京路支行

收款人账号（卡号）：16061205867212

金额：壹拾万零伍仟叁佰元整　　小写：105 300.00元

业务（产品种类）：同城转账　　凭证种类：000000　　凭证号码：000000

摘要：转款　　用途：付购买电子设备款

交易机构：0165780021　　记账柜员：00016　　交易代码：3347　　渠道：网上银行

客户备注：

（中国工商银行股份有限公司东海支行 自助回单机专用章（01））

本回单为第1次打印，注意重复　　打印日期：2025年06月02日　　打印柜员：9　　验证码：25432847851

单据 5-1-2/3

电子发票（增值税专用发票）

发票号码：25372000000008006258
开票日期：2025年06月02日

购货方信息	名称：光华有限责任公司			销货方信息	名称：华洋电子设备有限责任公司			
	统一社会信用代码/纳税识别号：913506030011122285				统一社会信用代码/纳税识别号：350603001112233456			

项目名称	规格型号	单位	数量	单价	金额	税率/征收率	税额
*电子设备*LA电子设备	LA	台	3	30000.00	90000.00	13%	11700.00
合　　计					¥ 90000.00		¥ 11700.00
价税合计（大写）	⊗ 壹拾万零壹仟柒佰元整				（小写）¥ 101700.00		
备注							

开票人：王成

单据 5-1-3/3

固定资产交接（验收）单
2025年6月2日

固定资产编号	名称	规格	型号	计量单位	数量	建造单位	建造编号	资金来源	附属技术资料
	生产车间		（LA型）	台	3	华洋电子设备厂			
总价(净值)	土建工程费	设备费	安装费	运杂费	包装费	其他	合计	预计年限	净残值率
								5	4%
	附属设备或建筑					原值	90 000.00	已提折旧	
验收意见	合格，交生产使用	验收人签章	洪 明			保管使用人签章	李力　王庆　张伟		

单据 5-2-1/2

单据 5-2-2/2

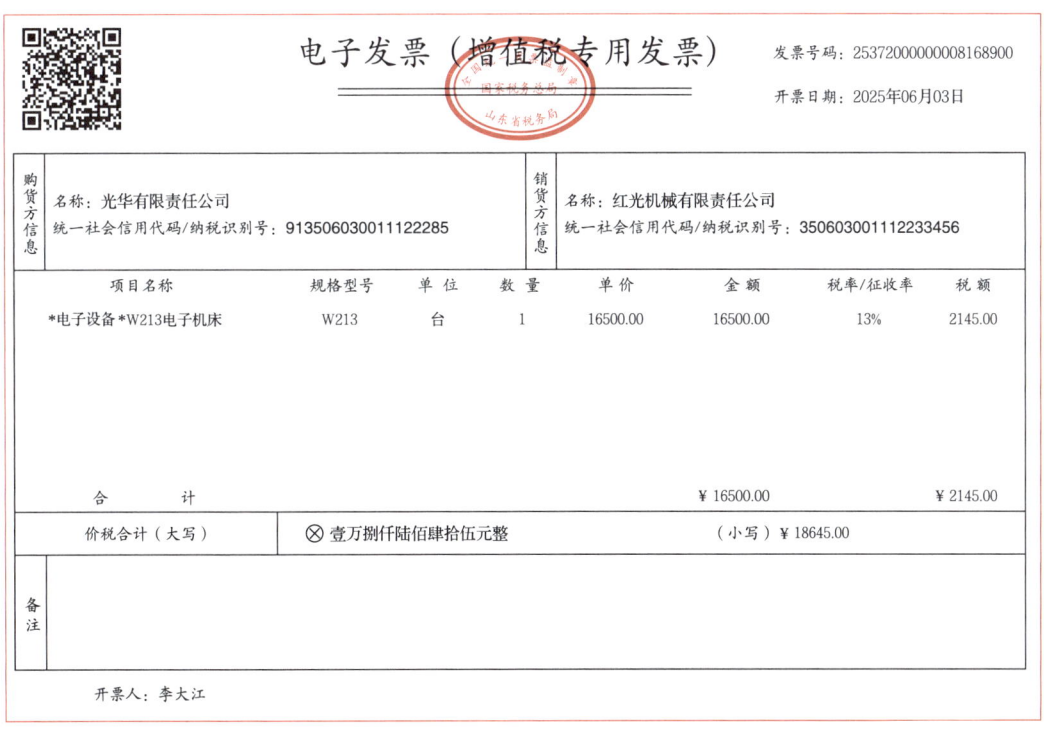

单据 5-3-1/2

单据 5-3-2/2

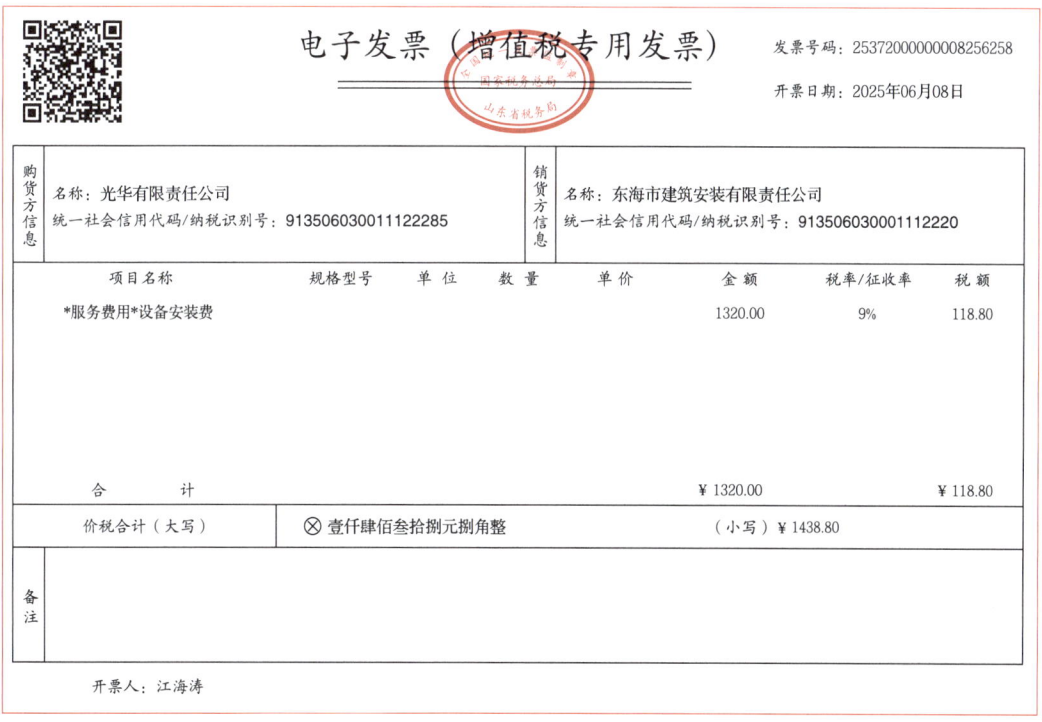

单据 5-4-1/1

固定资产交接（验收）单

2025年6月8日

单位：元

固定资产编号	名称	规格	型号	计量单位	数量	建造单位	建造编号	资金来源	附属技术资料
20-7	机床			台	1			自有	
总价（净值）	土建工程费	设备费	安装费	运杂费	包装费	其他	合计	预计年限	净残值率
		16 500.00	1 320.00				17 820.00	10	5%
		附属设备或建筑				原值		已提折旧	
验收意见	合格，交生产使用	验收人签章		王一		保管使用人签章		张伟	

单据 5-5-1/3

工程物资领料单

编号：1

2025年6月9日

发料仓库	工程物资库	用途	自营仓库工程					
领料单位	工程队							
器材编号	物资名称	规格型号	单位	数量		实际价格		
				请领	实发	单价/（元/千克）	总价/元	
101-1	水泥	300#	千克	24 000	24 000	1.00	24 000.00	
供应		发料	柳涛	领料单位主管	陈思	领料	胡凝	

三、转财务核算

单据 5-5-2/3

工程物资领料单

编号：2

2025年6月9日

发料仓库	工程物资库	用途	自营仓库工程					
领料单位	工程队							
器材编号	物资名称	规格型号	单位	数量		实际价格		
				请领	实发	单价/（元/千克）	总价/元	
101-2	白灰		千克	5 000	5 000	1.80	9 000.00	
供应		发料	柳涛	领料单位主管	陈思	领料	胡凝	

三、转财务核算

单据 5-5-3/3

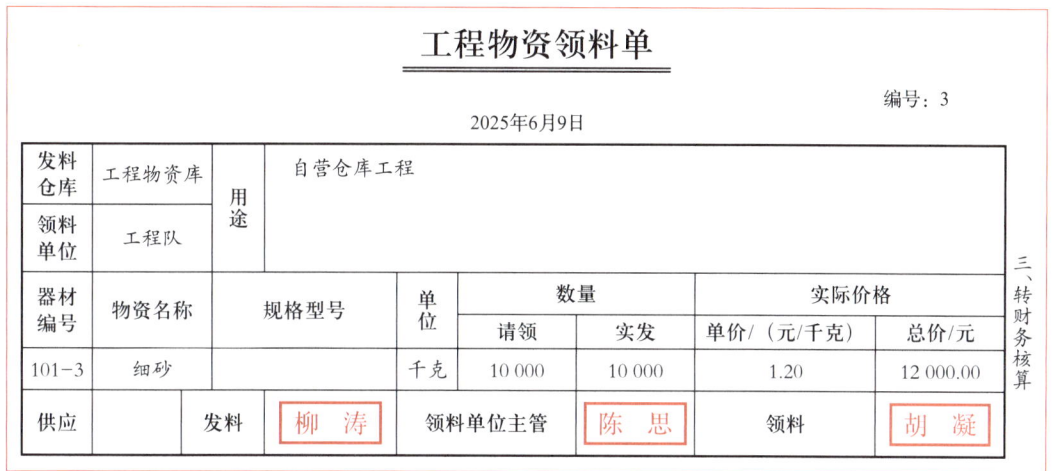

工程物资领料单

2025年6月9日 编号：3

发料仓库	工程物资库	用途	自营仓库工程					
领料单位	工程队							
器材编号	物资名称	规格型号		单位	数量		实际价格	
					请领	实发	单价/（元/千克）	总价/元
101-3	细砂			千克	10 000	10 000	1.20	12 000.00
供应		发料	柳涛	领料单位主管	陈思		领料	胡凝

三、转财务核算

单据 5-6-1/2

中国工商银行
转账支票存根
5570465
00486658

附加信息

出票日期 2025年6月10日
收款人：东海市建筑安装有限责任公司
金　额：￥1 308 000.00
用　途：预付第一期工程款
单位主管 赵一　会计 张力

单据 5-6-2/2

电子发票（增值税专用发票）

发票号码：25372000000008289532
开票日期：2025年06月10日

建筑服务

购货方信息	名称：光华有限责任公司 统一社会信用代码/纳税识别号：913506030011122285		销货方信息	名称：东海市建筑安装有限责任公司 统一社会信用代码/纳税识别号：913506030001112220	
项目名称	建筑服务发生地	建筑项目名称	金额	税率/征收率	税额
*建筑服务*工程款	山东省淄博市鲁泰大道以南深圳路以西	仓库工程	1200000.00	9%	108000.00
合　计			¥1200000.00		¥108000.00
价税合计（大写）	⊗ 壹佰叁拾万零捌仟元整			（小写）¥1308000.00	
备注	支付建造仓库工程第一期工程款				

开票人：周华彬

单据 5-7-1/2

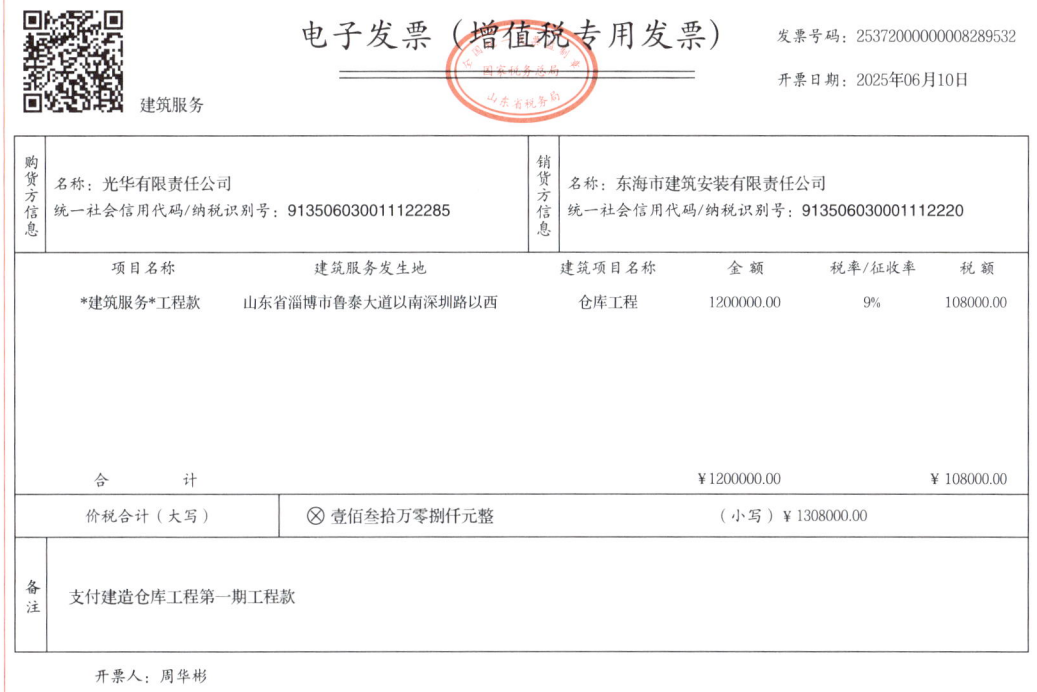

工程物资领料单

2025年6月12日　　　　编号：4

发料仓库	工程物资库	用途	自营仓库工程					
领料单位	工程队							
器材编号	物资名称	规格型号	单位	数量		实际价格		
				请领	实发	单价/（元/千克）	总价/元	
102-1	油漆	白色	桶	15	15	280.00	4 200.00	
供应		发料 柳涛		领料单位主管 陈思		领料 石淼		

三、转财务核算

单据 5-7-2/2

工程物资领料单

2025年6月12日 编号：5

发料仓库	工程物资库	用途	自营仓库工程					
领料单位	工程队							
器材编号	物资名称	规格型号	单位	数量		实际价格		
				请领	实发	单价/（元/千克）	总价/元	
102-2	涂料		桶	20	20	200.00	4 000.00	
供应		发料	柳涛	领料单位主管	陈思	领料	石淼	

三、转财务核算

单据 5-8-1/1

应付职工薪酬分配计算表

2025年6月20日 单位：元

班组	应付工资总额
第一建筑小组	28 000.00
第二建筑小组	30 000.00
工程管理人员	50 000.00
合计	108 000.00

记账　　　　　　　　　复核　　　　　　　　　制单 王加齐

单据 5-9-1/1

应付工程耗用水电费及其他费用分配表

2025年6月20日

工程部门：自营仓库工程　　　　　　　　　　　　单位：元

项目	金额
水费	7 830.00
电费	91 467.00
其他有关费用	6 023.00
合计	105 320.00

记账　　　　　　　　　复核　　　　　　　　　制单 王加齐

单据 5-10-1/2

工程成本计算单

2025年6月20日

工程部门：自营仓库工程　　　　　　　　　　　　　　　　　　　　单位：元

成本项目	工程物资	人工费	其他费用	合计
材料费				
人工费				
其他费用				
合　计				

会计主管：赵一　　　　　　　审核：　　　　　　　制单：

单据 5-10-2/2

固定资产交接（验收）单

2025年6月21日

固定资产编号	名称	规格	型号	计量单位	数量	建造单位	建造编号	资金来源	附属技术资料
20-1	成品仓库			座	1	本厂		自有	
总价（净值）	土建工程费	设备费	安装费	运杂费	包装费	其他	合计	预计年限 30	净残值率 5%
	附属设备或建筑					原值		已提折旧	
验收意见	合格，交销售科使用	验收人签章		王 丽		保管使用人签章		曹山	

单据 5-11-1/3

中国工商银行
转账支票存根
5570466
00486659
附加信息 _____
_____
出票日期　2025年6月23日
收款人：东海市建筑安装有限责任公司
金　额：¥1 308 000.00
用　途：支付第二期工程款
单位主管 赵一　会计 张力

单据 5-11-2/3

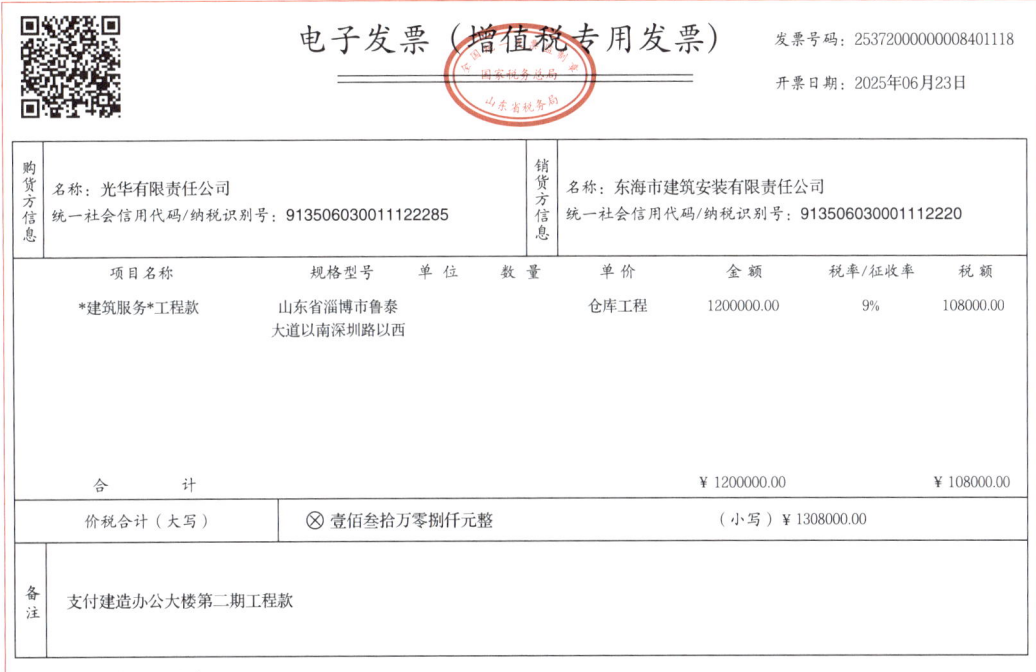

单据 5-11-3/3

固定资产交接（验收）单

2025年6月23日

固定资产编号	名称	规格	型号	计量单位	数量	建造单位	建造编号	资金来源	附属技术资料
	办公大楼			座	1	东海市建筑安装有限责任公司		自有	
总价（净值）	土建工程费	设备费	安装费	运杂费	包装费	其他	合计	预计年限 30	净残值率 5%
	附属设备或建筑					原值	2 400 000.00	已提折旧	
验收意见	合格，交生产使用		验收人签章	杨 光		保管使用人签章		张冰	

单据 5-12-1/1

接受捐赠固定资产登记表（代入账凭证）

2025 年 6 月 24 日　　　　　　　　　　　　　　字第　　号

捐赠单位（人）：外商			接受捐赠日期：2025年6月24日	
接受捐赠固定资产	名称	原值（或评估价）/元	预计使用年限	已提折旧/元
	货车	150 000.00	30	
备注	全新		人民币合计（大写）：壹拾伍万元整	

接受单位：（光华有限责任公司财务专用章）　　主管：赵一　　会计：张力　　制表：胡云

单据 5-13-1/4

闲置废旧设备有偿转让评估划价表

2025 年 6 月 25 日　　　　　　　　　　　　　　单位：元

设备名称	A-102 机床			数量	1 台
原值	120 000.00	净值	40 000.00	处理价值	36 000.00
部门主管	专业技术管理科		专业技术管理科		经办人
王伟	李强		孙江		刘清

单据 5-13-2/4

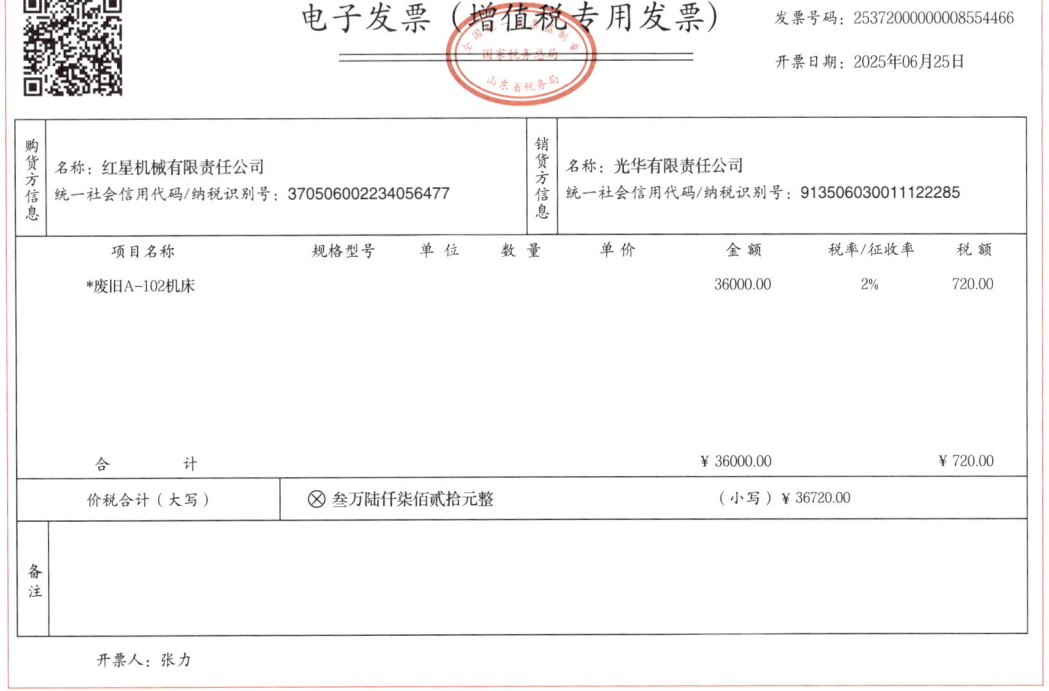

电子发票（增值税专用发票）

发票号码：25372000000008554466
开票日期：2025年06月25日

购货方信息	名称：红星机械有限责任公司
	统一社会信用代码/纳税识别号：370506002234056477

销货方信息	名称：光华有限责任公司
	统一社会信用代码/纳税识别号：913506030011122285

项目名称	规格型号	单位	数量	单价	金额	税率/征收率	税额
*废旧A-102机床					36000.00	2%	720.00
合　　计					¥ 36000.00		¥ 720.00

价税合计（大写）：⊗ 叁万陆仟柒佰贰拾元整　　（小写）¥ 36720.00

备注：

开票人：张力

单据 5-13-3/4

中国工商银行进账单（收账通知）

3　No.89723452

2025年6月25日　第138号

付款人	全　称	红星机械有限责任公司	收款人	全　称	光华有限责任公司
	账　号	730303859682759		账　号	16030058363803366
	开户银行	建设银行东城支行		开户银行	工商银行东海支行

人民币（大写）　叁万陆仟柒佰贰拾元整

千	百	十	万	千	百	十	元	角	分
		¥	3	6	7	2	0	0	0

票据种类	转账支票
票据张数	1

中国工商银行股份有限公司东海支行
2025.06.25
核算用章（1）

单位主管　　会计　　复核　　记账　　　　收款单位开户行盖章

此联是收款人开户银行交给收款人的收账通知

单据 5-13-4/4

固定资产清理损益计算表

2025年6月25日　　　　　　　　　　　　单位：元

清理项目	A-102机床	清理原因	不需用
固定资产清理借方发生额		固定资产清理贷方发生额	
清理支出内容	金额	清理收入内容	金额
固定资产净值	40 000.00	出售固定资产价款	36 000.00
借方合计	40 000.00	贷方合计	36 000.00
固定资产清理 净收益 净损失	金额：人民币肆仟元整		

复核　　　　　　　　　　　　　　　　　制单　方华

单据 5-14-1/3

固定资产拆除报废申请单

单位：生产车间　　　　　　2025年6月27日　　　　　　第012号

固定资产名称	规格型号	单位	数量	预计使用年限	已使用年限	原值	已提折旧	预计净残值率
机床	A-107	台	1	10	10	160 000	156 800	2%
报废原因	已达到使用年限，不能继续使用　　　　　　　　　　　　经办人：刘清							
技术鉴定意见	同意报废　　　　　　　　　　　　　　　　　　　　鉴定负责人：李强							
审批意见	使用部门　　　　　　　　固定资产管理部门　　　　　　主管领导 同意　　　　　　　　　　同意　　　　　　　　　　　同意 负责人：刘水　　　　　　负责人：柳涛　　　　　　　签章：孙达							

单据 5-14-2/3

收 料 单

2025年6月27日　　　　　　第12号

供货户名：生产车间　　　发票号：

材料名称	送验数量	实收数量	单价	金额 千 百 十 万 千 百 十 元 角 分
废旧A-107机床残料				6　0　0　0　0
人民币合计（大写）陆佰元整				¥　　　　　　6　0　0　0　0
备注：		验收人签章：		

第二联 会计部门

会计：张力　　出纳：丁凡　　复核：赵一　　记账：　　制单：张梅

单据 5-14-3/3

固定资产清理损益计算表

2025年6月27日

清理项目	A-107 机床		清理原因	报废	
固定资产清理借方发生额			固定资产清理贷方发生额		
清理支出内容		金额	清理收入内容		金额
固定资产净值		3 200.00	出售固定资产价款		600.00
借方合计		3 200.00	贷方合计		600.00
固定资产清理	净收益 净损失	金额：人民币贰仟陆佰元整			

复核： 制单： 方华

单据 5-15-1/1

固定资产盘点盈亏报告表

2025年6月30日

固定资产名称	固定资产型号规格	盘 盈			盘 亏			原 因	第一联 报批前记账
		数量	重置成本/元	估计折旧/元	数量	原始价值/元	已提折旧/元		
电子设备	A-116	1	5 000.00					账外资产	
处理意见	清查小组		设备部门			领导审批			
	调整账面价值并报批		设备内部转移手续 不完备所致			同意按以前年度损益调整处理			
	签章：吕树		签章：于红叶			签章：		2025年6月30日	

复核： 制表：于方

单据 5-16-1/1

固定资产盘点盈亏报告表

2025年6月30日

固定资产名称	固定资产型号规格	盘盈			盘亏			原因	第二联 报批后记账
		数量	重置价值/元	估计折旧/元	数量	原始价值/元	已提折旧/元		
笔记本电脑	联想				1	4 500.00	1 700.00		

处理意见	清查小组	设备部门	领导审批	
	调整账面价值并报批	内部转移手续不完备所致	同意转作营业外支出	
	签章：吕 树	签章：于红叶	签章：王一立	2025年6月30日

复核： 制表：于 方

单据 5-17-1/1

固定资产折旧计算汇总表

2025年6月 单位：元

使用部门	固定资产类别	上月计提折旧额	上月增加的固定资产应计提的折旧额	上月减少的固定资产应计提的折旧额	本月应计提的折旧额	备注
一车间	房屋及建筑物	3 000		500	2 500	
	机器设备	7 000	300		7 300	
	小计	10 000	300	500	9 800	
二车间	房屋及建筑物	2 000	200		2 200	
	机器设备	5 000		300	4 700	
	小计	7 000	200	300	6 900	
管理部门	房屋及建筑物	800		500	300	
	机器设备	200	100		300	
	小计	1 000	100	500	600	
合计		18 000	600	1 300	17 300	

复核：赵 一 制表：张 力

三、实训任务

(1) 根据光华有限责任公司上述经济业务的原始凭证编制记账凭证。

(2) 在 Excel 中完成上述任务。

四、所需实训材料

序号	种类	数量	备注
1	记账凭证	22 张	使用通用记账凭证或者用下列会计分录纸代替

记账凭证(会计分录纸)

序号	摘要	会计科目	明细科目	记账	借方金额	贷方金额

续表

序号	摘要	会计科目	明细科目	记账	借方金额	贷方金额

五、实训答案

实训五答案

项目六

应付职工薪酬核算实训

一、实训目标

能够正确地编制职工薪酬结算单、职工薪酬结算表及汇总表、职工薪酬分配表、社会保险及有关经费提存表，能够胜任职工薪酬核算岗位的会计工作。培养学生"三坚三守"的会计职业道德规范和严谨细致的会计工匠精神。

二、实训背景资料

（一）光华有限责任公司职工薪酬核算基本情况

1. 实行职工计件薪酬制，各车间、工段生产工人的计件工资额由企管科根据完成的生产任务等有关资料计算后，通知财务科职工薪酬核算员，由职工薪酬核算员按工段、车间分别编制"职工薪酬结算单（表）"，作为职工薪酬核算的原始依据。

2. 各生产车间生产一种产品的，生产工人的职工薪酬作为直接费用，记入该产品"基本生产成本明细账"的直接人工项目；生产多种产品的，生产工人的职工薪酬作为间接费用，按各产品定额工时比例分配记入。

3. 二车间各产品定额工时为：甲产品 30 000 工时，乙产品 3 500 工时。

4. 企业负担的社会保险及有关费用提存比例为：养老保险 20%，医疗保险 10%，失业保险 1.5%，工伤保险 0.8%，生

育保险 0.8%，住房公积金 8%，工会经费 2%，职工教育经费 8%。

（二）2025 年 9 月有关工资计算和核算的资料（见单据 6-1~ 单据 6-4）

单据 6-1

工资、补贴通知单

财务科：

现将一车间二工段生产工人计件工资额和经常性生产奖金通知如下，请以此为依据，计算各工人本月应付工资。

2025年9月　　　　　　　　　　　　　　　　　单位：元

序号	姓名	基本工资	补贴	序号	姓名	基本工资	补贴
1	张卫华	4 500.00	900.00	6	李平平	4 500.00	900.00
2	赵永生	3 970.00	794.00	7	曾庆伟	5 150.00	1 030.00
3	张永红	3 502.00	700.40	8	邢雨茜	3 530.00	706.00
4	魏 平	4 463.00	892.60	9	刘立成	4 510.00	902.00
5	蒋雪儿	5 463.00	1 092.60	10	汤玛丽	5 475.00	1 095.00

部门负责人：张伟　　　　　　考勤员：冯兰　　　　　报出日期：9月30日

注：其他车间的工资、补贴通知单略。

单据 6-2

职工个人负担的款项及个人所得税

单位：一车间　　　　　　2025年9月　　　　　　　　　　单位：元

项目	姓名	养老保险	代扣医疗保险	代扣失业保险	代扣公积金	代扣个人所得税	代扣水电费	小计
1	张卫华	154.00	102.67	410.67	616.00	58.33	150.85	1 492.52
2	赵永生	115.83	77.22	308.88	463.32	10.83	370.76	1 346.84
3	张永红	171.60	114.40	457.59	686.39	116.99	240.68	1 787.65
4	魏 平	200.84	133.89	535.56	803.34	214.45	280.32	2 168.40
5	蒋雪儿	218.52	145.68	582.72	874.08	273.40	120.68	2 215.08
6	李平平	162.00	108.00	432.00	648.00	85.00	310.74	1 745.74
7	曾庆伟	166.00	110.67	442.67	664.00	98.33	190.25	1 671.92
8	邢雨茜	134.14	89.43	357.71	536.56	29.14	196.45	1 343.43
9	刘立成	216.48	144.32	577.28	865.92	266.60	147.58	2 218.18
10	汤玛丽	229.95	153.30	613.20	919.80	311.50	240.30	2 468.05

单据6-3

考勤统计表

编报：二工段　　　　　　　　　　2025年9月

序号	姓名	加班天数	加夜班	病事假天数	备注
1	张卫华	5（其中节日加班1天）	1	2	日工资按21.75天计算，节假日加班按三薪计算，夜间加班按双薪计算；病、事假按日工资扣减
2	赵永生	2	2	3	
3	张永红	6（其中节日加班1天）	3	1	
4	魏　平	7（其中节日加班1天）			
5	蒋雪儿		2		
6	李平平				
7	曾庆伟	2	1		
8	邢雨茜	3		1	
9	刘立成	4（其中节日加班1天）	3		
10	汤玛丽	3	2	1	
合计					

部门负责人：张伟　　考勤员：冯兰　　审核单位盖章：二工段　　报出日期：2025年9月30日

单据6-4

特色业务　中国工商银行东海支行批量代付成功清单

机构代码：331　　机构名称：中国工商银行东海支行　　入账日期：2025年9月30日

工号	账号	姓名	金额	身份证号
	6227608852761067313	张卫华	√	（略）
	6227608852761064771	赵永生	√	
	6227608852761069735	张永红	√	
	6227608852761068429	魏　平	√	
	6227608852761062678	李平平	√	
	6227608852761064326	曾庆为	√	
	以下略	……	……	
	……公司职工共56人，后续明细略			
合　计：				

中国工商银行东海支行
2025年09月30日
转讫

单据 6-5-1/5

职工薪酬结算单

部门1：一车间二工段　　　　　　2025年9月　　　　　　　　　　　单位：元

序号	姓名	应付工资						代扣款项					实发工资
		基本工资	补贴	加班费	夜班费	病事假应扣工资	合计	养老保险	医疗保险	失业保险	住房公积金	个人所得税	水电费	小计	
1	张卫华														
2	赵永生														
3	张永红	3 502.00	700.40	933.87	700.40	116.73	5 719.94	171.60	114.40	457.59	686.39	116.99	240.68	1 787.65	3 932.29
4	魏　平	4 463.00	892.60	1 338.90	0.00	0.00	6 694.50	200.84	133.89	535.56	803.34	214.45	280.32	2 168.40	4 526.10
5	蒋雪儿	5 463.00	1 092.60	0.00	728.40	0.00	7 284.00	218.52	145.68	582.72	874.08	273.40	120.68	2 215.08	5 068.92
6	李平平	4 500.00	900.00	0.00	0.00	0.00	5 400.00	162.00	108.00	432.00	648.00	85.00	310.74	1 745.74	3 654.26
7	曾庆伟	4 150.00	830.00	276.67	276.67	0.00	5 533.34	166.00	110.67	442.67	664.00	98.33	190.25	1 671.92	3 861.42
8	邢雨茜	3 530.00	706.00	353.00	0.00	117.67	4 471.33	134.14	89.43	357.71	536.56	29.14	196.45	1 343.43	3 127.90
9	刘立成	4 510.00	902.00	902.00	902.00	0.00	7 216.00	216.48	144.32	577.28	865.92	266.60	147.58	2 218.18	4 997.82
10	汤玛丽	5 475.00	1 095.00	547.50	730.00	182.50	7 665.00	229.95	153.30	613.20	919.80	311.50	240.30	2 468.05	5 196.45
	合计														

部门主管：　　　　　　工资核算员：　　　　　　复核：　　　　　　编报日期：2025年9月30日

单据 6-5-2/5

职工薪酬结算汇总表

部门1：一车间　　　　2025年9月　　　　单位：元

部门	人数	应付工资					合计	代扣款项					小计	实发工资
		基本工资	补贴	加班费	夜班费	应扣病事假工资		养老保险	医疗保险	失业保险	住房公积金	个人所得税	水电费		
生产工人															
一工段	25	124 181.10	22 140.00	4 050.00	6 210.00	1 296.00	155 285.10	4 658.55	3 105.70	12 422.81	18 634.21	5 998.32	4 499.74	49 319.33	105 965.77
二工段	10														
三工段	18	82 787.40	14 760.00	2 700.00	4 140.00	864.00	103 523.40	3 105.70	2 070.47	8 281.87	12 422.81	3 998.88	2 999.83	32 879.56	70 643.84
四工段	27	137 381.09	24 493.40	4 480.50	6 870.10	0.00	173 225.09	5 153.74	3 435.83	13 743.31	20 614.96	6 635.92	4 978.04	54 561.80	118 663.29
五工段	20	97 735.13	17 425.00	3 187.50	4 887.50	1 020.00	122 215.13	3 666.45	2 444.30	9 777.21	14 665.82	4 720.90	3 541.46	38 816.14	83 398.99
小计															
管理人员	6	27 089.88	4 829.80	883.50	1 354.70	0.00	34 157.88	1 016.25	677.50	2 710.01	4 065.02	1 308.52	981.61	10 758.91	23 398.97
车间管理	4	16 465.49	2 935.60	537.00	823.40	171.84	20 589.65	617.69	411.79	1 647.17	2 470.76	795.33	596.63	6 539.37	14 050.28
工段管理	2	13 324.17	2 375.54	0.00	0.00	0.00	15 699.71	499.85	333.23	1 332.92	1 999.38	643.60	482.81	5 291.79	10 407.92
小计															
合计															

部门主管：　　　工资核算员：　　　复核：　　　制表：

单据 6-5-3/5

职工薪酬结算汇总表

2025年9月

单位：元

部门	人数	应付工资 基本工资	补贴	加班费	夜班费	应扣病事假工资	合计	代扣款项 养老保险	医疗保险	失业保险	住房公积金	个人所得税	水电费	小计	实发工资
第一车间	生产工人														
	管理人员														
第二车间	生产工人	298 837.80	54 375.12	14 679.92	17 180.16	3 728.68	381 344.32	11 440.33	7 626.89	30 507.55	45 761.32	13 754.14	11 697.81	120 788.04	260 556.28
	管理人员	82 787.40	14 760.00	2 700.00	4 140.00	864.00	103 523.40	3 105.70	2 070.47	8 281.87	12 422.81	3 998.88	2 999.83	32 879.56	70 643.84
第三车间	生产工人	199 225.20	36 250.08	9 786.61	11 453.44	2 485.79	254 229.54	7 626.89	5 084.59	20 338.36	30 507.55	9 169.42	7 798.54	80 525.35	173 704.19
	管理人员	74 735.13	17 425.00	3 187.50	4 887.50	1 020.00	99 215.13	3 666.45	2 444.30	9 777.2	14 665.82	4 720.90	3 541.46	38 816.14	60 398.99
供电车间	生产工人	16 465.49	2 935.60	537.00	823.40	171.84	20 589.65	617.69	411.79	1 647.17	2 470.76	795.33	596.63	6 539.37	14 050.28
	管理人员	13 324.17	2 375.54	0.00	0.00	0.00	15 699.71	499.85	333.23	1 332.92	1 999.38	643.60	482.81	5 291.79	10 407.92
供水车间	生产工人	374 783.16	66 819.34	11 788.50	18 075.70	2 055.84	469 410.86	14 059.69	9 373.12	37 492.49	56 238.74	18 103.15	13 580.38	148 847.57	320 563.29
	管理人员	26 648.34	4 751.08	0.00	0.00	0.00	31 399.42	999.70	666.46	2 665.84	3 998.76	1 287.20	965.62	10 583.58	20 815.84
厂部管理人员		562 174.74	100 229.01	17 682.75	27 113.55	3 083.76	704 116.29	21 089.54	14 059.68	56 238.74	84 358.11	27 154.73	20 370.57	223 271.37	480 844.92
销售人员		331 149.60	59 040.00	10 800.00	16 560.00	3 456.00	414 093.60	12 422.80	8 281.88	33 127.48	49 691.24	15 995.52	11 999.32	131 518.24	282 575.36
在建工程		45 503.63	8 112.75	1 136.40	1 742.48	137.47	56 357.79	1 707.03	1 138.02	4 552.08	6 828.13	2 197.96	1 648.84	18 072.06	38 285.73
合计															

主管：　　　　　　　审核：　　　　　　　制表：

单据6-5-4/5

职工薪酬分配表

2025年9月

单位：元

应借账户		生产工人			辅助生产车间人员	基本生产车间管理人员	厂部管理人员	销售人员	在建工程	合计
		生产工时	分配比例	应付工资						
基本生产成本	一车间	丁产品								
		甲产品								
	二车间	乙产品								
		小计								
	三车间	丙产品								
	小 计									
辅助生产成本	供 电									
	供 水									
	小 计									
制造费用	一车间									
	二车间									
	三车间									
	小 计									
管理费用										
销售费用										
在建工程										
合 计										

主管：　　　　　　　　　　审核：　　　　　　　　　　制表：

社会保险费及有关经费提存表

2025年9月

单位：元

应借账户			计提基数	养老保险（20%）	医疗保险（10%）	失业保险（1.5%）	工伤保险（0.8%）	生育保险（0.8%）	住房公积金（8%）	工会经费（2%）	职工教育经费（8%）	合计
基本生产成本	一车间	丁产品										
	二车间	甲产品										
		乙产品										
		小计										
	三车间	丙产品										
	小计											
辅助生产成本	供电											
	供水											
	小计											
制造费用	一车间											
	二车间											
	三车间											
	小计											
管理费用												
销售费用												
在建工程												
合计												

主管：赵一　　　　审核：　　　　制表：

单据 6-5-5/5

三、实训任务

（1）根据有关资料，计算二工段张卫华、赵永生两名工人的应付职工薪酬、代扣款项和实发薪酬，将计算结果填入"职工薪酬结算单"，完成"职工薪酬结算单"的编制工作。

（2）编制一车间"职工薪酬结算汇总表"。

（3）汇编公司"职工薪酬结算汇总表"，"银行批量代付清单"发放职工薪酬，编制有关会计凭证。

（4）根据"职工薪酬结算汇总表"先编制"职工薪酬分配表"（分配率保留小数点后4位），再编制有关会计凭证。

（5）编制"社会保险费及有关经费提存表"（分配率保留小数点后4位数字）及有关会计凭证。

（6）在Excel中完成上述任务。

四、所需实训材料

序号	种类	数量	备注
1	记账凭证	8张	使用通用记账凭证或者用下列会计分录纸代替记账凭证

记账凭证（会计分录纸）

序号	摘要	会计科目	明细科目	记账	借方金额	贷方金额

续表

序号	摘要	会计科目	明细科目	记账	借方金额	贷方金额

五、实训答案

"职工薪酬结算单"

"职工薪酬结算汇总表"

发放工资及账务处理

"职工薪酬分配表"及账务处理

"社会保险费及有关经费提存表"及账务处理

项目七 应交税费核算实训

一、实训目标

能够正确地进行应交税费的计算与核算,编制并审核有关税费计算的原始凭证;能够正确编制记账凭证。培养学生"三坚三守"的会计职业道德规范和严谨细致的会计工匠精神。

二、实训背景资料

(一)光华有限责任公司 2025 年 9 月 1 日有关账户的余额

应交税费——应交增值税　　　　0
应交税费——未交增值税　　　　60 000

(二)光华有限责任公司 2025 年 9 月发生的经济业务(见单据 7-1~单据 7-18)

单据 7-1-1/4

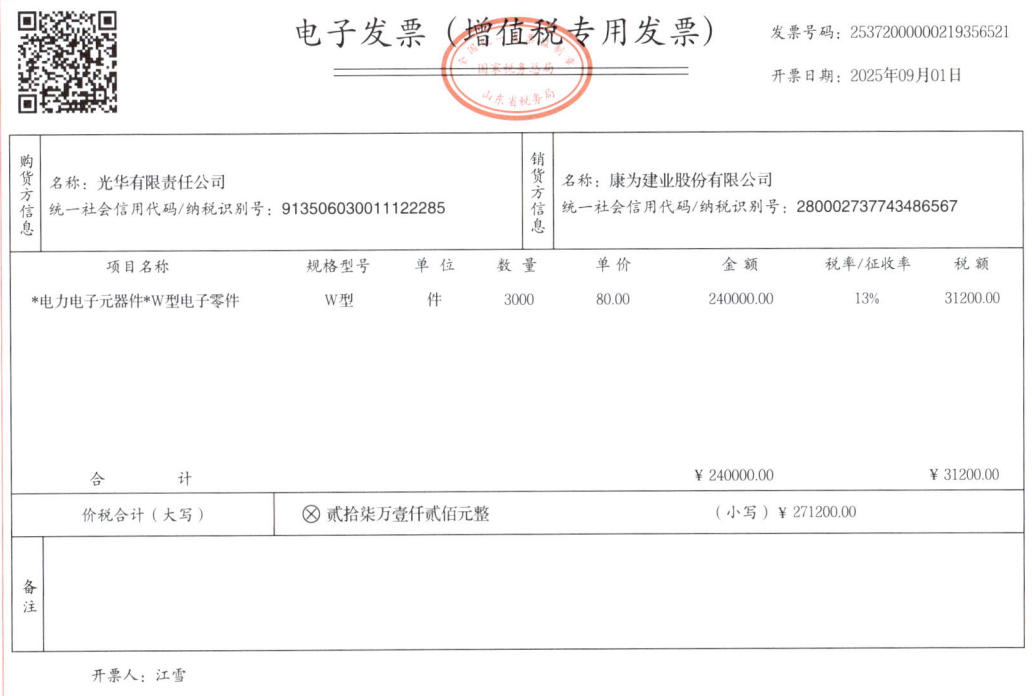

单据 7-1-2/4

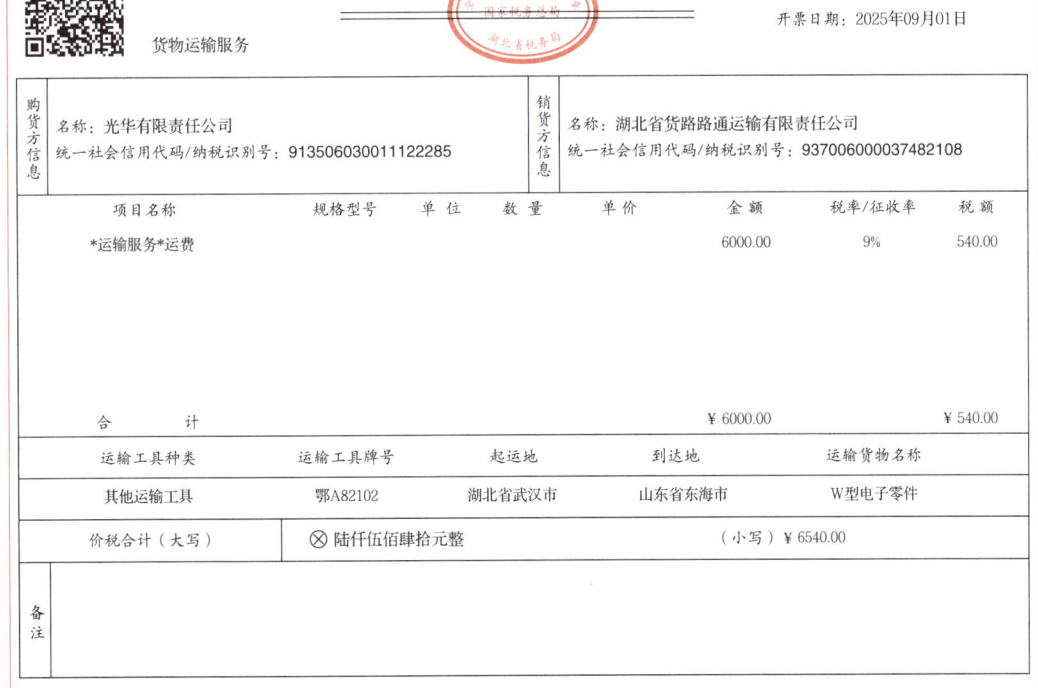

单据 7-1-3/4

单据 7-1-4/4

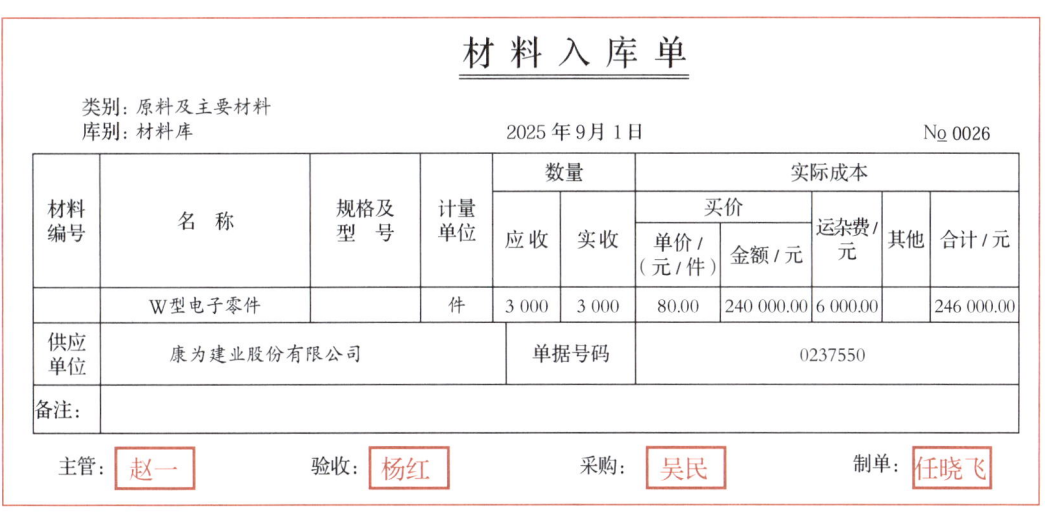

单据 7-2-1/2

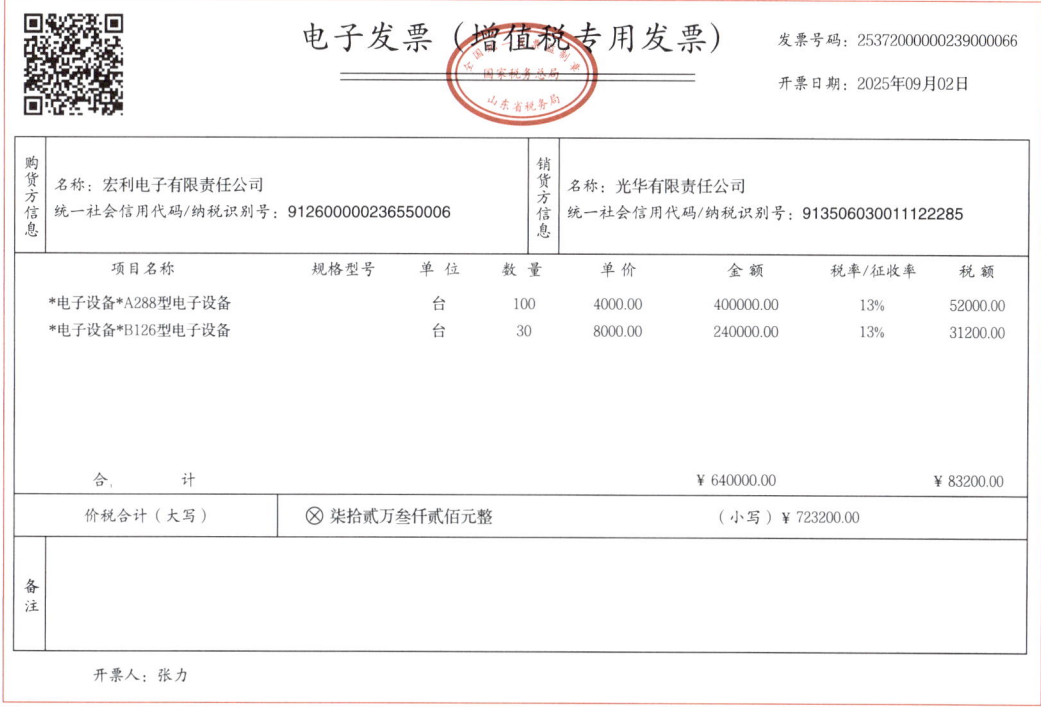

单据 7-2-2/2

中国工商银行 进账单（回单）1

2025年9月2日　　第0610号

付款人	全称	宏利电子有限责任公司	收款人	全称	光华有限责任公司
	账号	16060036465700012		账号	16030058363803366
	开户银行	工商银行鲁中支行		开户银行	工商银行东海支行

人民币（大写）	柒拾贰万叁仟贰佰元整	千	百	十	万	千	百	十	元	角	分
				¥	7	2	3	2	0	0	0

票据种类	银行汇票
票据张数	1

收款单位开户行盖章
2025.09.02
核算用章（1）

此联是收款人开户银行给收款人的回单

单位主管　　会计　　复核　　记账

单据 7-3-1/2

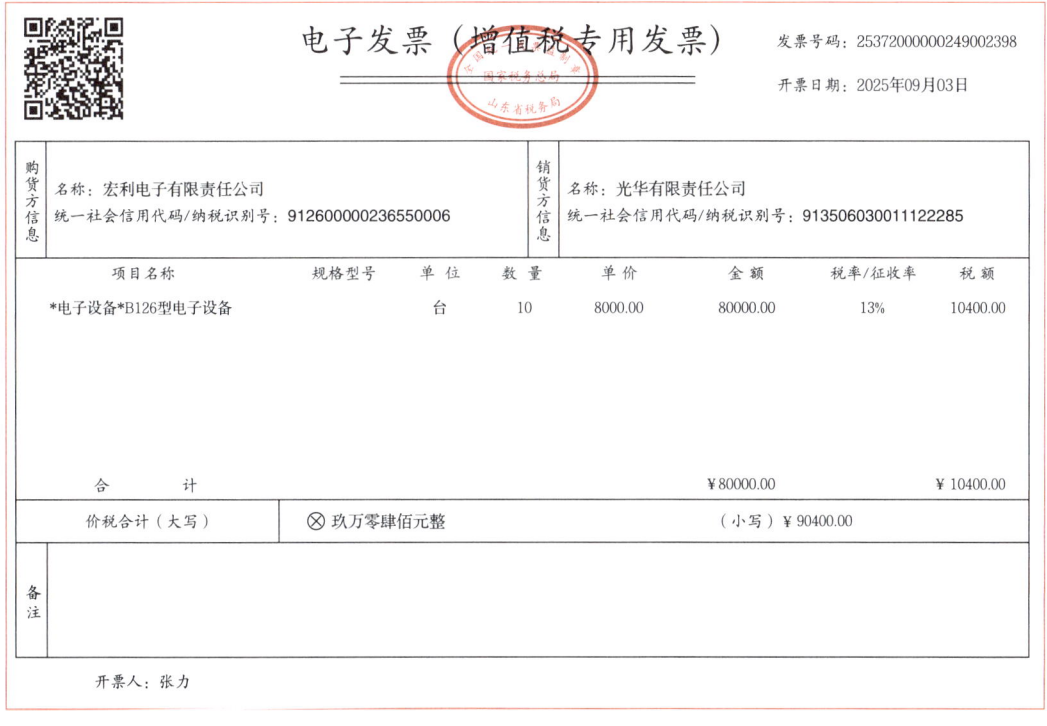

单据 7-3-2/2

单据 7-4-1/3

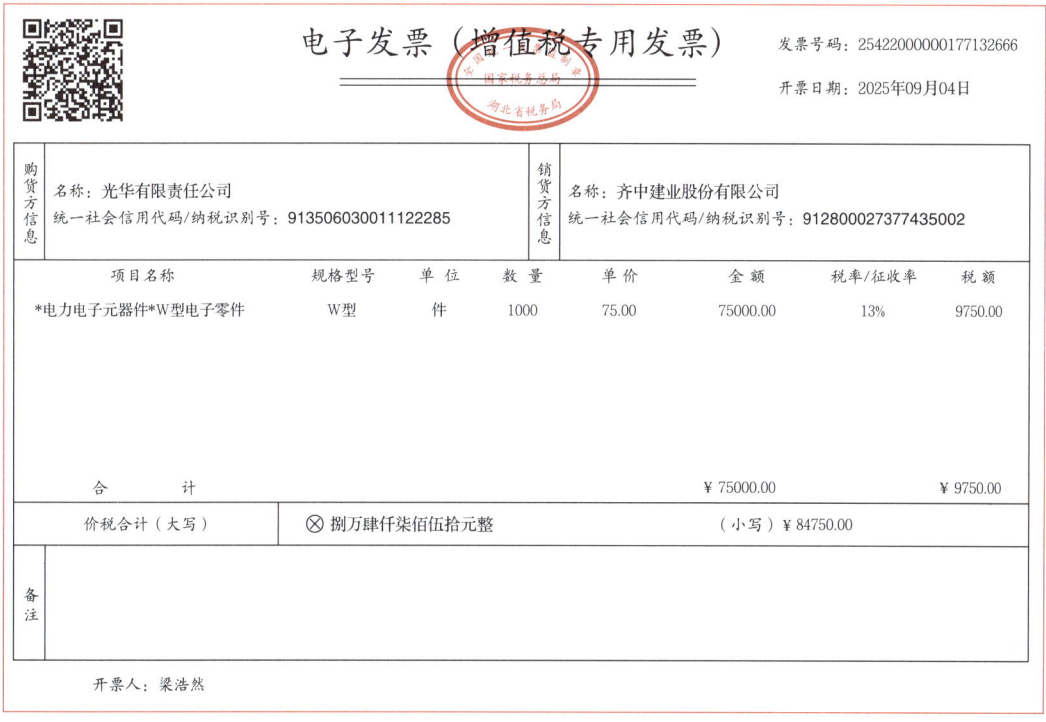

单据 7-4-2/3

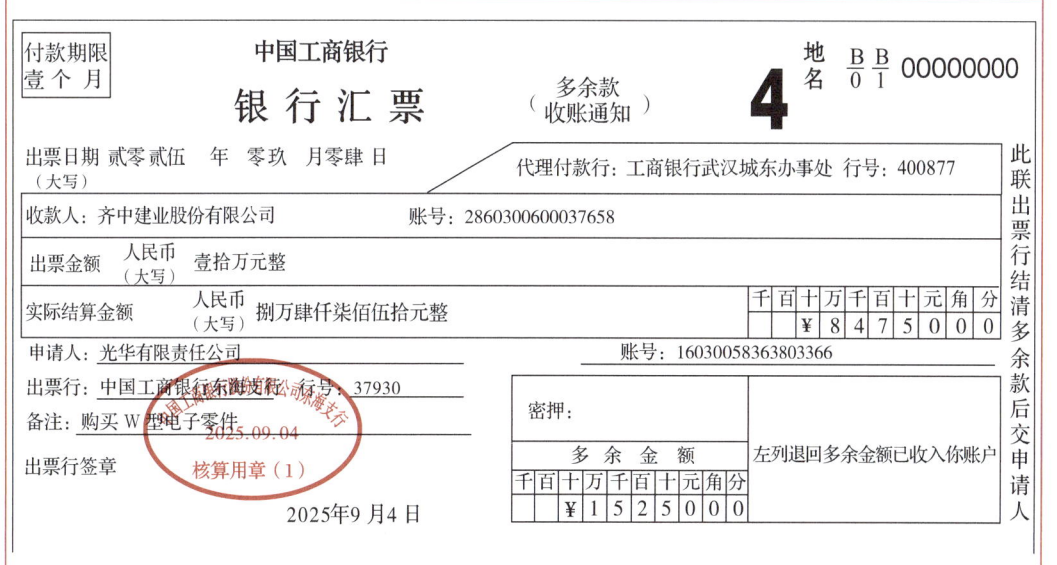

单据 7-4-3/3

材料入库单

类别：原料及主要材料
库别：材料库

2025 年 9 月 4 日

No 0027

材料编号	名称	规格及型号	计量单位	数量 应收	数量 实收	实际成本 买价 单价/(元/件)	实际成本 买价 金额/元	运杂费	其他	合计/元
	W型电子零件		件	1 000	1 000	75	75 000.00			75 000.00
供应单位	齐中建业股份有限公司			单据号码		0238650				
备注：										

第三联 记账联

主管：赵一　　验收：杨红　　采购：吴民　　制单：任晓飞

单据 7-5-1/2

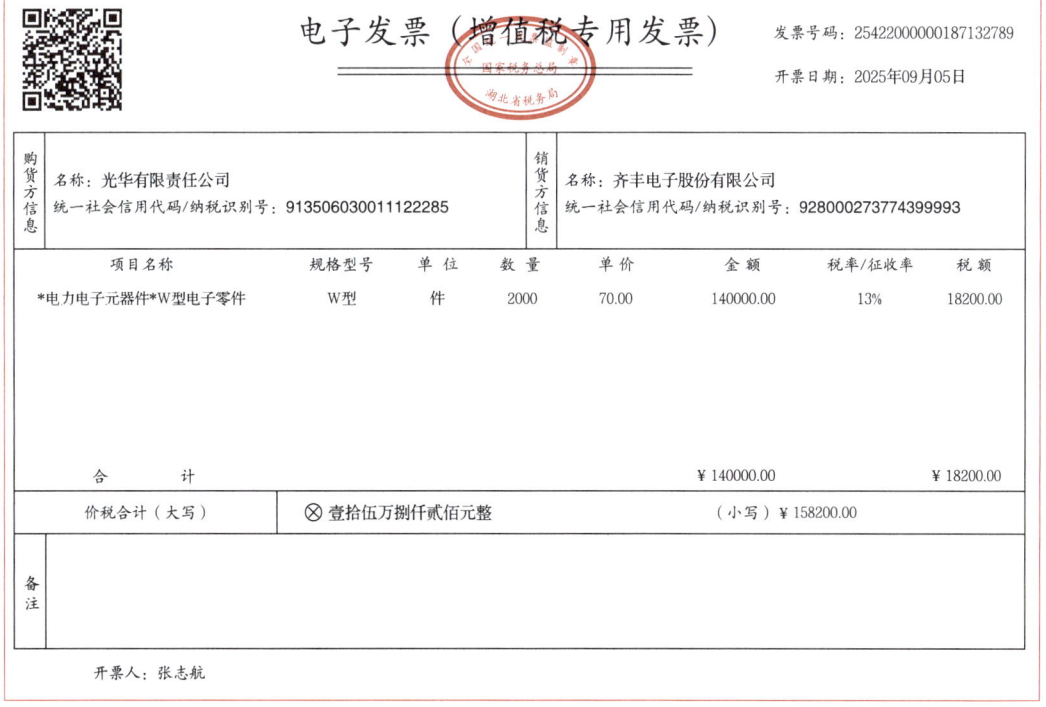

电子发票（增值税专用发票）

发票号码：25422000000187132789
开票日期：2025年09月05日

购货方信息　名称：光华有限责任公司
统一社会信用代码/纳税识别号：913506030011122285

销货方信息　名称：齐丰电子股份有限公司
统一社会信用代码/纳税识别号：928000273774399993

项目名称	规格型号	单位	数量	单价	金额	税率/征收率	税额
*电力电子元器件*W型电子零件	W型	件	2000	70.00	140000.00	13%	18200.00
合　　计					¥140000.00		¥18200.00
价税合计（大写）	⊗ 壹拾伍万捌仟贰佰元整				（小写）¥158200.00		
备注							

开票人：张志航

单据 7-5-2/2

材料入库单

类别：原料及主要材料
库别：材料库

2025 年 9 月 5 日　　　　　　　　　　No 0028

材料编号	名称	规格及型号	计量单位	数量 应收	数量 实收	实际成本 买价 单价/(元/件)	实际成本 买价 金额/元	运杂费	其他	合计/元
	W型电子零件		件	2 000	1 990	70.00	139 300.00			139 300.00
供应单位	齐丰电子股份有限公司			单据号码		0239456				

备注：缺少10件电子产品，属非正常损耗，原因待查

主管：赵一　　　验收：杨红　　　采购：吴民　　　制单：任晓飞

第三联 记账联

单据 7-6-1/3

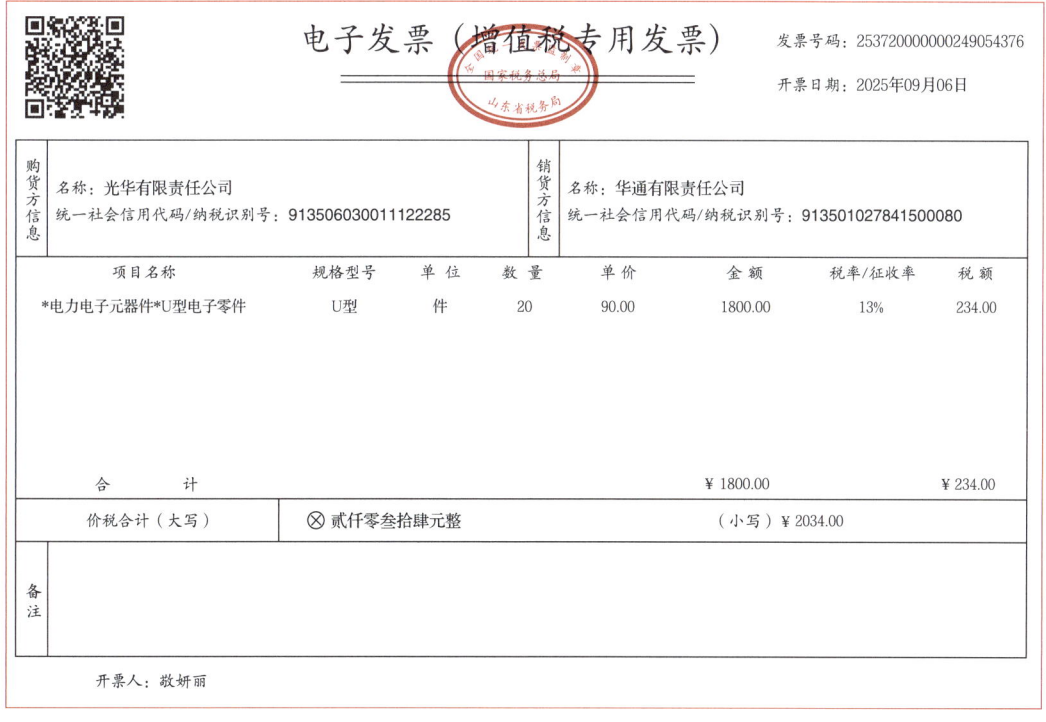

电子发票（增值税专用发票）

发票号码：25372000000249054376
开票日期：2025年09月06日

购货方信息	名称：光华有限责任公司 统一社会信用代码/纳税识别号：913506030011122285						销货方信息	名称：华通有限责任公司 统一社会信用代码/纳税识别号：913501027841500080	
项目名称		规格型号	单位	数量	单价	金额		税率/征收率	税额
*电力电子元器件*U型电子零件		U型	件	20	90.00	1800.00		13%	234.00
合　　计						￥1800.00			￥234.00
价税合计（大写）		⊗ 贰仟零叁拾肆元整				（小写）￥2034.00			
备注									

开票人：敬妍丽

单据 7-6-2/3

单据 7-6-3/3

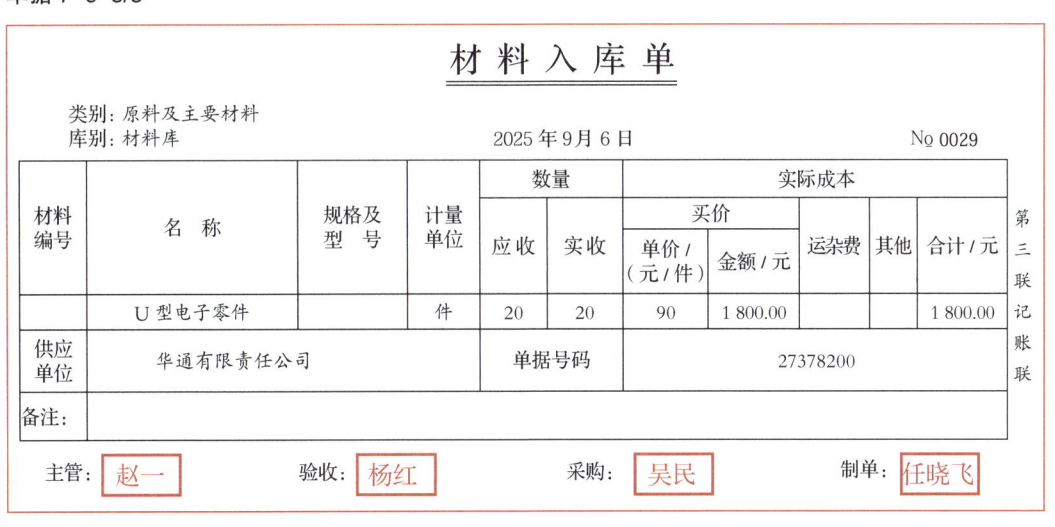

单据 7-7-1/2

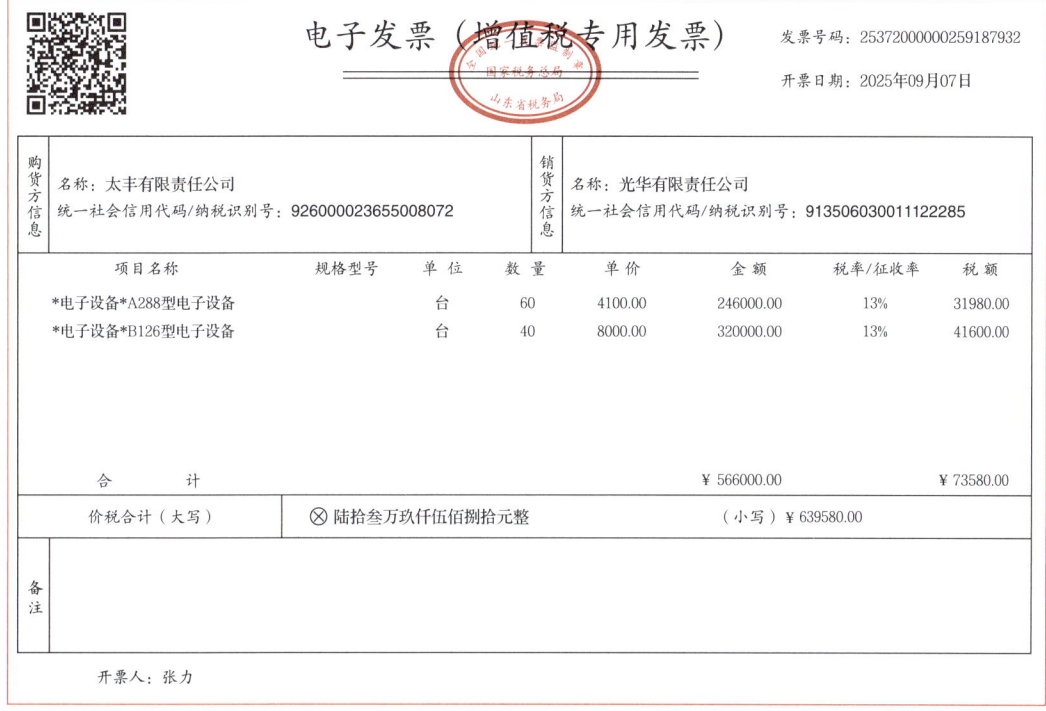

单据 7-7-2/2

单据 7-8-1/2

电子发票（增值税专用发票）

发票号码：25372000000259342784
开票日期：2025年09月08日

购货方信息	名称：洁玉有限责任公司 统一社会信用代码/纳税识别号：926000023655009072					销货方信息	名称：光华有限责任公司 统一社会信用代码/纳税识别号：913506030011122285			
项目名称		规格型号	单位	数量	单价		金额		税率/征收率	税额
*电子设备*A288型电子设备			台	6	4100.00		24600.00		13%	3198.00
*电子设备*B126型电子设备			台	4	8000.00		32000.00		13%	4160.00
合　　计							￥56600.00			￥7358.00
价税合计（大写）		⊗ 陆万叁仟玖佰伍拾捌元整					（小写）￥63958.00			
备注										

开票人：张力

单据 7-8-2/2

中国工商银行　　　　　　　　　　凭证
业务回单（收款）

币别：人民币　　　　2025年09月08日　　　　回单编号：162360007894

付款人户名：洁玉有限责任公司　　　　付款人开户行：工商银行鲁中支行

付款人账号（卡号）：160060036465700088

收款人户名：光华有限责任公司　　　　收款人开户行：工商银行东海支行

收款人账号（卡号）：16030058363803366

金额：陆万叁仟玖佰伍拾捌元整　　　　小写：63958.00元

业务（产品种类）：异地转账　　凭证种类：000000　　凭证号码：000000

摘要：转款　　　　　　　　　　用途：付购买材料费

交易机构：0165780021　　记账柜员：00023　　交易代码：3324　　渠道：网上银行

客户备注：

本回单为第1次打印，注意重复　　打印日期：2025年09月08日　　打印柜员：7　　验证码：254322458578

单据 7-9-1/2

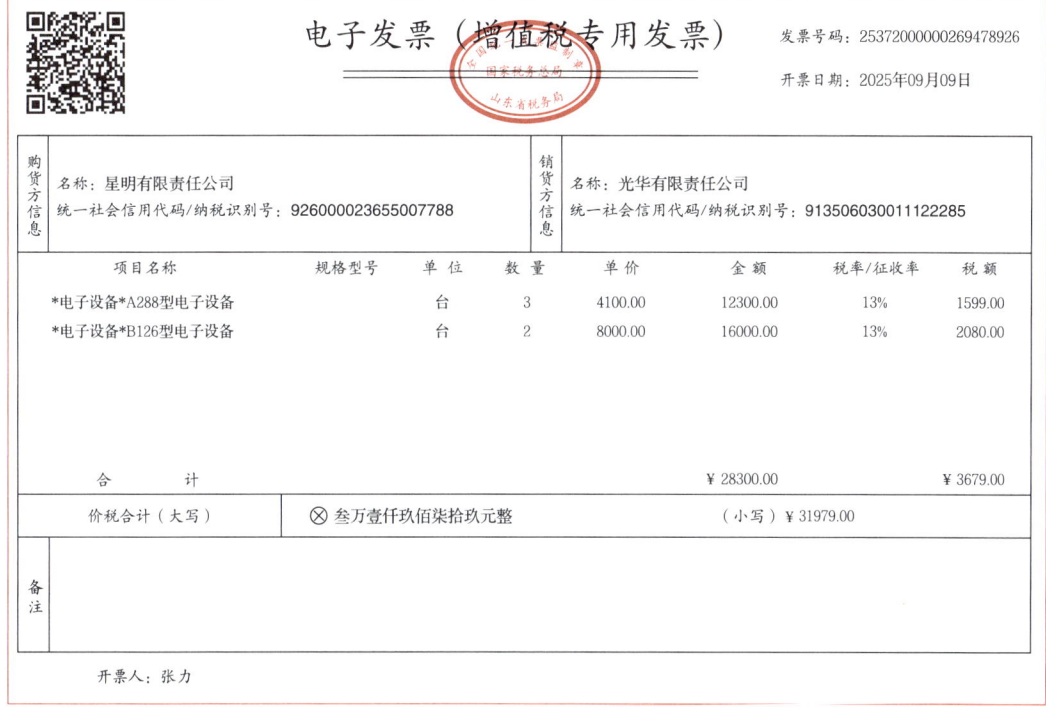

单据 7-9-2/2

单据 7-10-1/1

工商银行电子缴税付款凭证

转账日期：2025 年 9 月 7 日　　　　凭证字号：370011006366355652

纳税人全称及纳税人识别号	350603001112228		
付款人全称	光华有限责任公司		
付款人账号	16030058363803366	征收机关名称	东海区国税局
付款人开户银行	工商银行东海支行	收缴国库名称	国家金库东海支库
小写（合计）金额	60 000.00	缴款书交易流水号	111006366355652000
大写（合计）金额	陆万元整	税票号码	370011006366355652
税（费）种名称	所属时期		实缴金额
增值税	20250801　～　20250831		60 000.00
第　　次打印	打印时间		

第二联作付款回单（无银行收讫章无效）　　复核　　记账

（盖章：中国工商银行股份有限公司东海支行 2025.09.07 核算用章（1））

单据 7-11-1/2

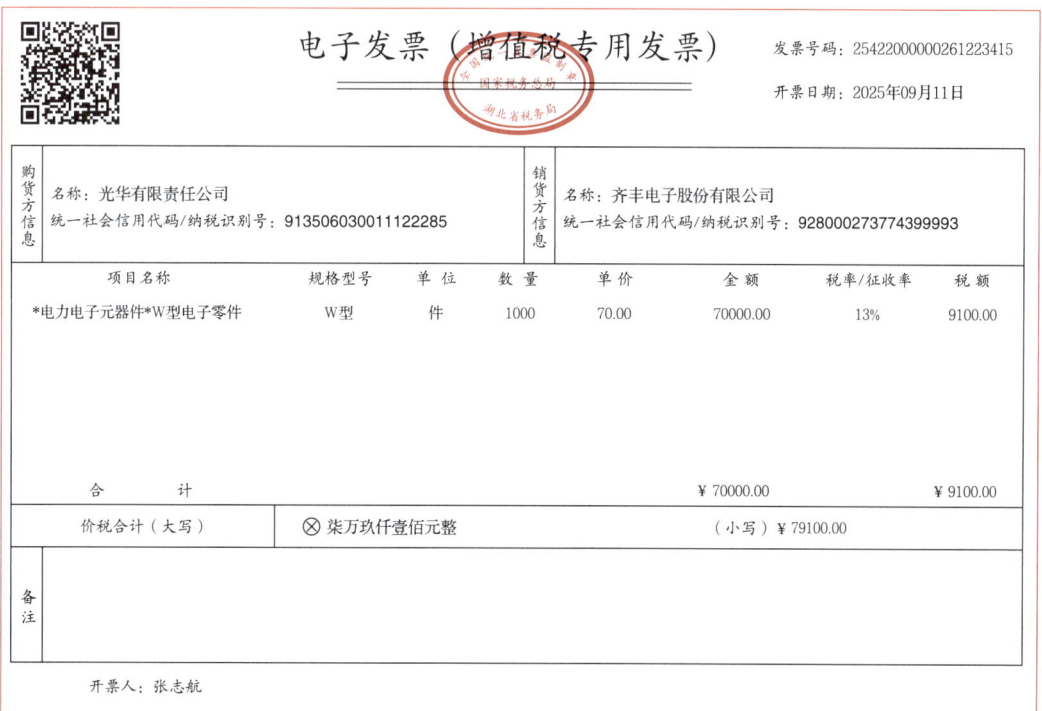

电子发票（增值税专用发票）

发票号码：25422000000261223415
开票日期：2025年09月11日

购货方信息	名称：光华有限责任公司 统一社会信用代码/纳税识别号：913506030011122285	销货方信息	名称：齐丰电子股份有限公司 统一社会信用代码/纳税识别号：928000273774399993

项目名称	规格型号	单位	数量	单价	金额	税率/征收率	税额
*电力电子元器件*W型电子零件	W型	件	1000	70.00	70000.00	13%	9100.00
合　　计					¥ 70000.00		¥ 9100.00
价税合计（大写）	⊗ 柒万玖仟壹佰元整				(小写) ¥ 79100.00		
备注							

开票人：张志航

单据 7-11-2/2

材料入库单

类别：原料及主要材料
库别：材料库
2025 年 9 月 11 日　　　　　　　　　　　　　　№ 0031

材料编号	名称	规格及型号	计量单位	数量 应收	数量 实收	实际成本 买价 单价	实际成本 买价 金额	实际成本 运杂费	实际成本 其他	实际成本 合计
	W型电子零件		件	1 000	1 000	70.00	70 000.00			70 000.00
供应单位	齐丰电子股份有限公司			单据号码		0239459				
备注	款未付									

主管　赵一　　　记账　杨红　　　采购　吴民　　　制单　任晓飞

第一联 记账联

提示：货款未付。

单据 7-12-1/2

电子发票（增值税专用发票）

发票号码：25372000000279542227
开票日期：2025年09月15日

购货方信息：
名称：中兴电子有限责任公司
统一社会信用代码/纳税识别号：912200057677432394

销货方信息：
名称：光华有限责任公司
统一社会信用代码/纳税识别号：913506030011122285

项目名称	规格型号	单位	数量	单价	金额	税率/征收率	税额
*电子设备*B126型电子设备		台	10	8500.00	85000.00	13%	11050.00
合　　计					¥ 85000.00		¥ 11050.00
价税合计（大写）	⊗ 玖万陆仟零伍拾元整				（小写）¥ 96050.00		
备注							

开票人：张力

单据 7-12-2/2

中国工商银行　进账单（回单）1

2025年9月15日　　　　第0610号

付款人	全称	中兴电子有限责任公司	收款人	全称	光华有限责任公司
	账号	16060036465700078		账号	16030058363803366
	开户银行	工商银行鲁中支行		开户银行	工商银行东海支行

人民币（大写）	玖万陆仟零伍拾元整	千 百 十 万 千 百 十 元 角 分 ¥ 9 6 0 5 0 0 0
票据种类	转账支票	收款单位开户行盖章 中国工商银行股份有限公司东海支行 2025.09.15 核算用章（1）
票据张数	1	

单位主管　　会计　　复核　　记账

此联是收款人开户银行给收款人的回单

单据 7-13-1/3

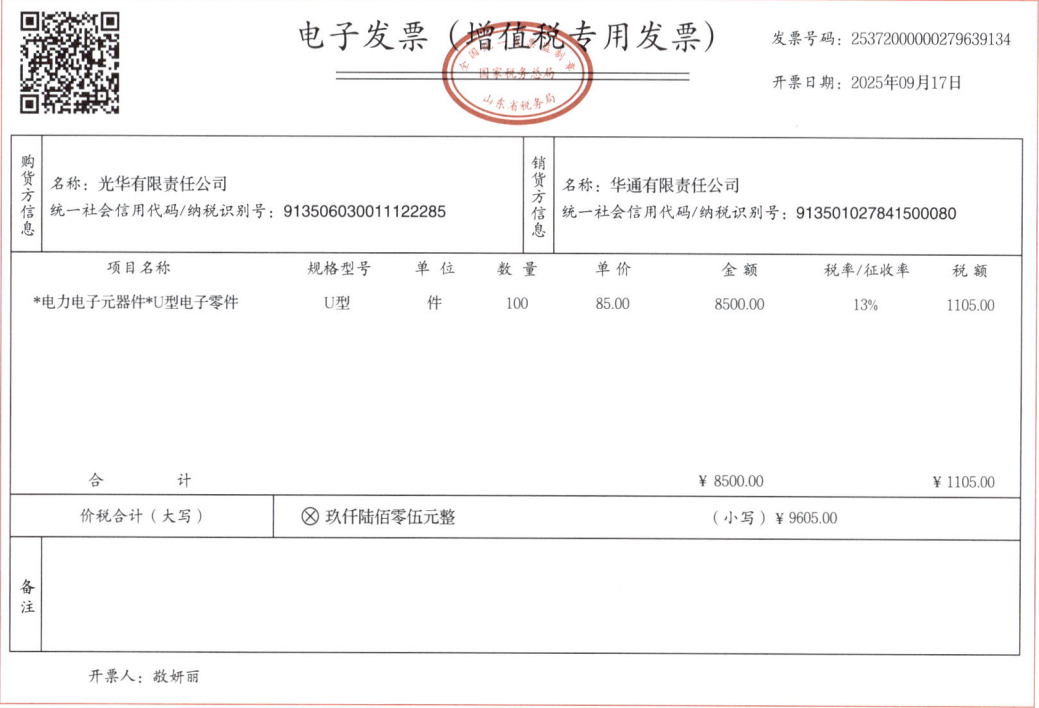

单据 7-13-2/3

单据 7-13-3/3

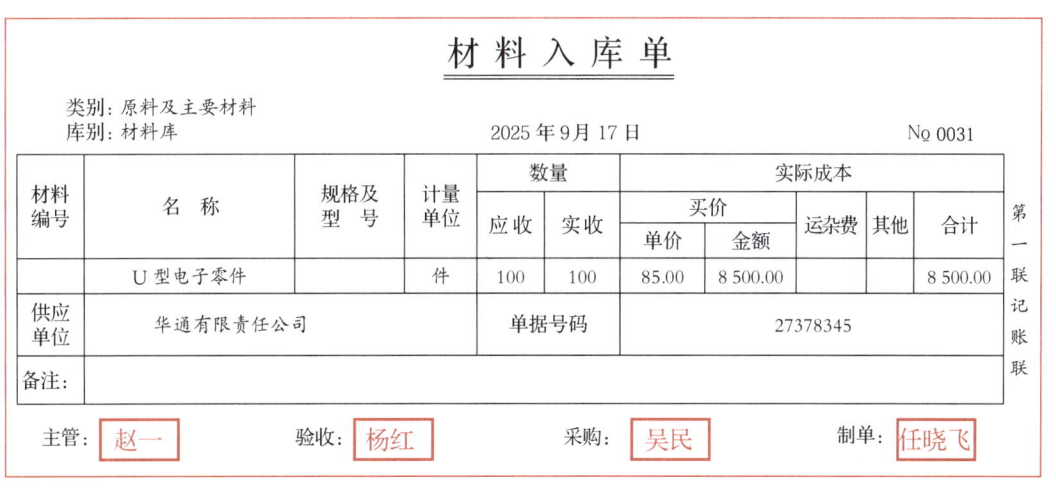

单据 7-14-1/4

单据 7-14-2/4

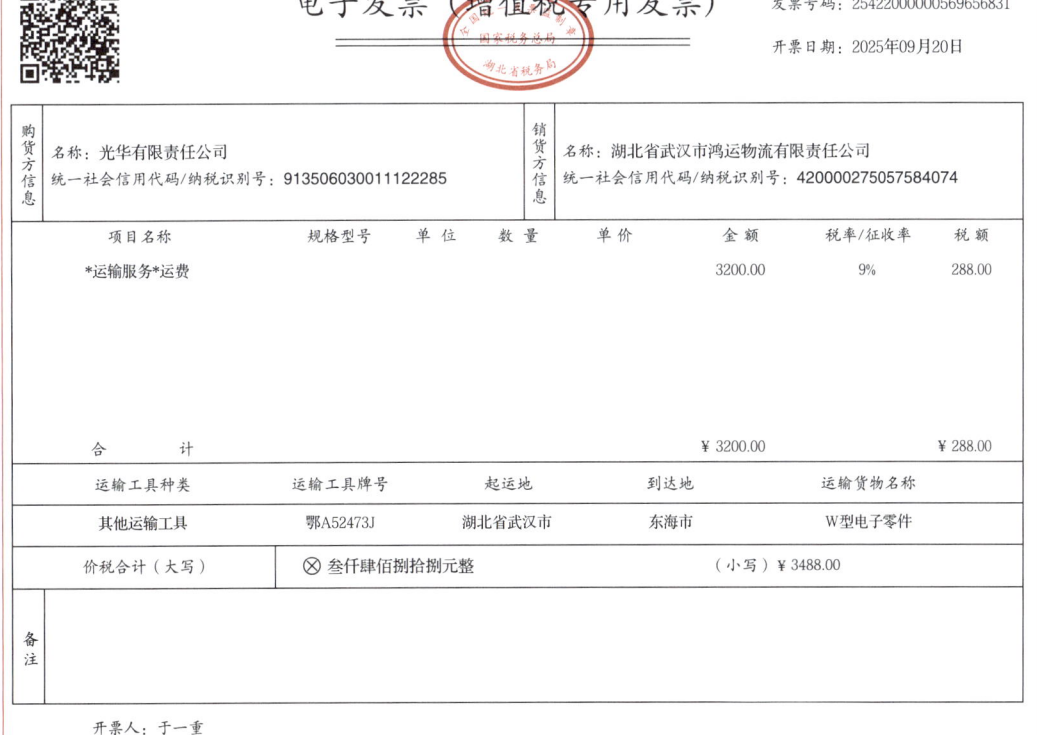

单据 7-14-3/4

中国工商银行托收凭证（付款通知）

委托号码：5
委托日期 2025 年 9 月 20 日
付款期限　年　月　日

业务类型	委托收款（□邮划　☑电划）		托收承付（□邮划　□电划）	
付款人	全称	光华有限责任公司	全称	齐丰电子股份有限责任公司
	账号	16030058363803366	账号	28603006000374500
	地址	山东省东海市/县	地址	山东省东海市/县
	开户行	工商银行东海支行	开户行	工商银行城东办事处

金额 人民币（大写）贰拾肆万零柒佰捌拾捌元整　￥240 788.00

款项内容	货款	托收凭据名称	发票	附寄单证张数	2
商品发运情况	已经发运			合同名称号码	01-24756

备注：代垫运费 3 488 元

付款人开户行收款日期　年　月　日
复核　　记账

（盖章：中国工商银行股份有限公司东海支行　2025.09.20　核算用章（1））

付款人注意：
1. 应于见票当日通知开户银行划款
2. 如需拒付，应在规定期限内将拒付理由书并附债务证明提交银行

付款人开户银行签章　2025 年 9 月 20 日

此联为付款人开户银行给付款人的付款通知

单据 7-14-4/4

材料入库单

类别：原料及主要材料
库别：材料库
2025 年 9 月 20 日
No 0032

材料编号	名称	规格及型号	计量单位	数量		实际成本				第二联 记账联
				应收	实收	买价		运杂费	其他	合计
						单价	金额			
	W型电子零件		件	3 000	3 000	70.00	210 000.00	3 200.00		213 200.00
供应单位	齐丰电子股份有限公司			单据号码		0239470				
备注：										

主管　赵一　　记账　杨红　　采购　吴民　　制单　任晓飞

单据 7-15-1/2

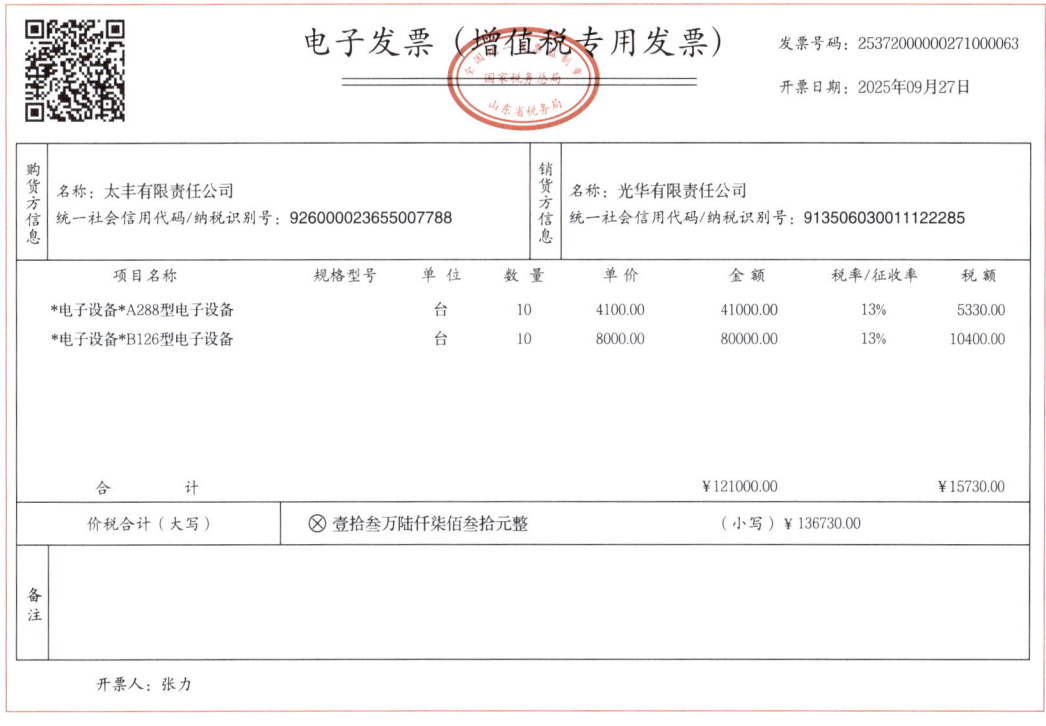

单据 7-15-2/2

单据 7-16-1/1

原材料盘点报告表
2025 年 9 月 30 日

原材料	单位	账存		实存		盘盈		盘亏		备注
		数量	金额/元	数量	金额/元	数量	金额/元	数量	金额/元	
W 型电子零件	件	1 000	70 000.00	980	68 600.00			20	1 400.00	毁损
合计									1 400.00	
领导审批	作为管理费用处理									

盘点人:赵一、杨红、巩建林

单据 7-17-1/1

应交增值税计算表
2025 年 9 月 30 日

借方			贷方			
进项税额	已交税金	转出未交增值税	销项税额	出口退税	进项税额转出	转出多交增值税

单据 7-18-1/1

城市维护建设税、教育费附加计算表
2025 年 9 月 30 日

税种	计税依据			税率	应纳税金额
	增值税	消费税	合计		
城市维护建设税				7%	
教育费附加				3%	
合计					

三、实训任务

（1）根据实训背景资料（二）提供的原始凭证编制记账凭证。

（2）登记"应交税费——应交增值税"明细分类账。

（3）在 Excel 中完成上述任务。

四、所需实训材料

序号	种类	数量	备注
1	记账凭证	22 张	使用通用记账凭证或者用下列会计分录纸代替
2	应交税费（增值税）明细账	1 页	单面计算

1. 记账凭证（会计分录纸）

序号	摘要	会计科目	明细科目	记账	借方金额	贷方金额

续表

序号	摘要	会计科目	明细科目	记账	借方金额	贷方金额

2. 应交税费（增值税）明细账

应交税费——应交增值税 明细账

年		凭证		摘要	借方				贷方			借或贷	余额
月	日	种类	号数		合计	进项税额	已交税金	转出未交增值税	合计	销项税额	出口退税	进项税额转出		

五、实训答案

记账凭证　　应交增值税明细账

项目八

收入、费用和利润核算实训

一、实训目标

能够正确审核收入、费用和利润业务所涉及的原始凭证并编制记账凭证。能够正确进行利润结转和利润分配。培养学生"三坚三守"的会计职业道德规范和严谨细致的会计工匠精神。

二、实训背景资料

（一）光华有限责任公司基本情况

光华有限责任公司是增值税一般纳税人，增值税税率为13%，所得税税率为25%，生产销售四种产品的售价及成本见表8-1。

表 8-1 单位：元/件，元/台

产品名称	售价	成本
A288 型电子机械	3 580	2 140
B126 型电子机械	7 860	5 360
WⅠ型五金工具	45	30
WⅡ型五金工具	26	18

出纳：丁凡；会计：张力；主管：赵一。

开户银行：工商银行东海支行。

账号：16030058363803366。

统一社会信用代码：913506030011122285。

联系电话：0198-27606068。

公司地址：东海市南京路677号。

（二）11月月末"本年利润"和"利润分配"账户的余额

"本年利润"账户贷方余额825 000.00元；

"利润分配——未分配利润"账户贷方余额23 800.00元。

（三）光华有限责任公司2025年12月经济业务的原始凭证（见单据8-1～单据8-24）

单据8-1-1/2

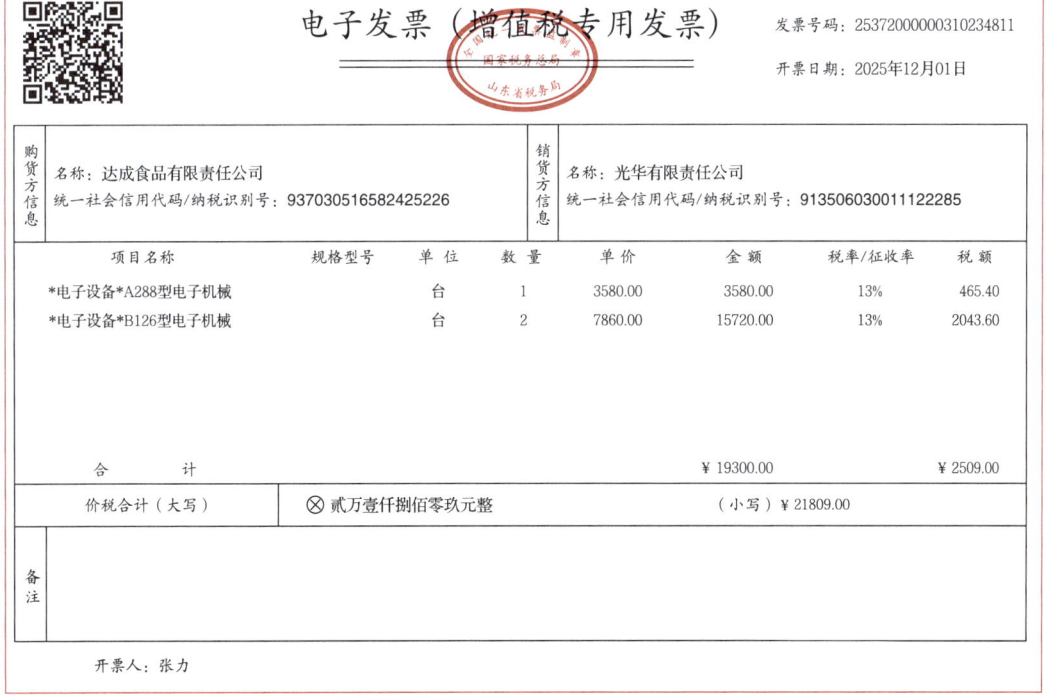

单据 8-1-2/2

中国工商银行　进账单（回单）1

2025 年 12 月 1 日　　　第0180号

付款人	全称	达成食品有限责任公司	收款人	全称	光华有限责任公司
	账号	68000600471000153		账号	16030058363803366
	开户银行	工商银行海洋支行		开户银行	工商银行东海支行

人民币（大写）	贰万壹仟捌佰零玖元整	千百十万千百十元角分 ¥ 2 1 8 0 9 0 0
票据种类	转账支票	
票据张数	1	

中国工商银行股份有限公司东海支行
2025.12.01
核算用章（1）

收款单位开户行盖章

单位主管　　会计　　复核　　记账

此联是收款人开户银行给收款人的回单

单据 8-2-1/3

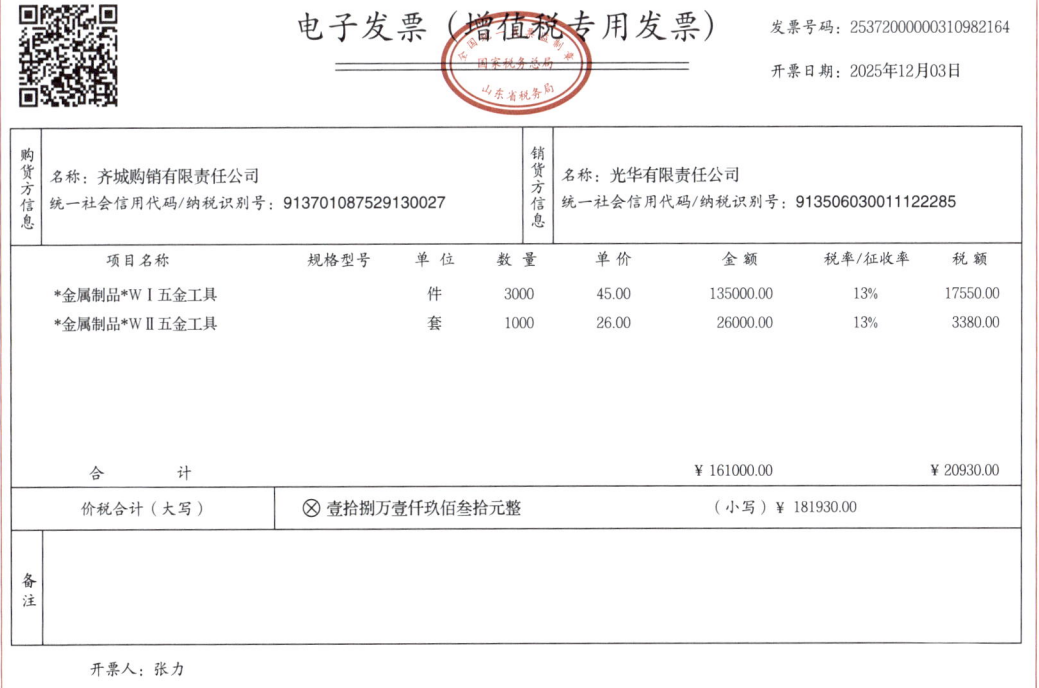

单据 8-2-2/3

单据 8-2-3/3

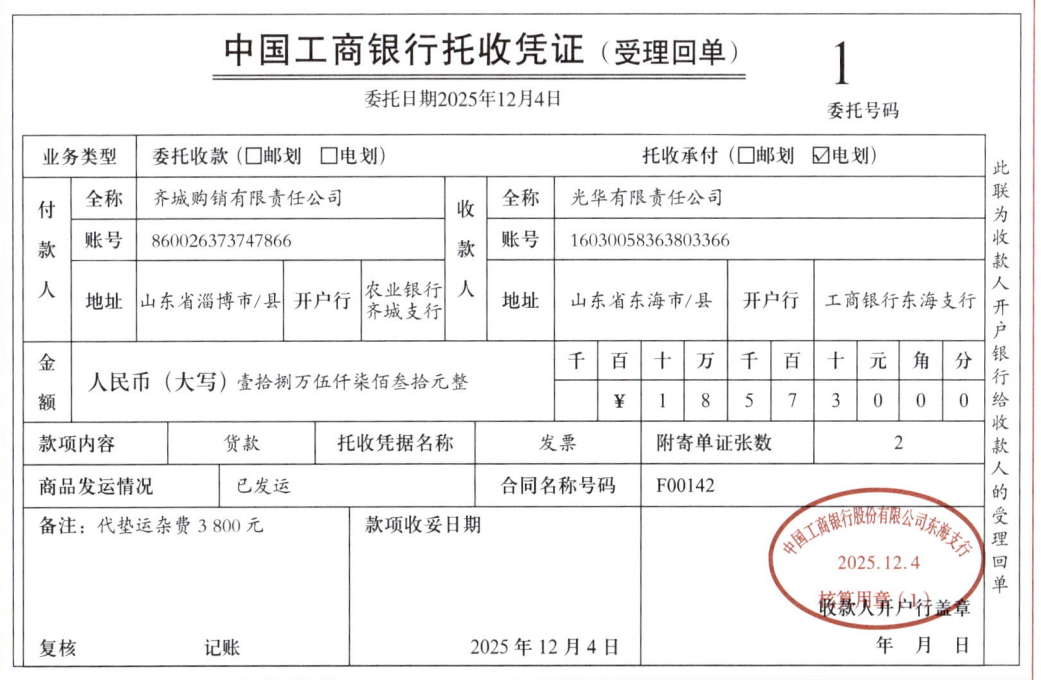

单据 8-3-1/3

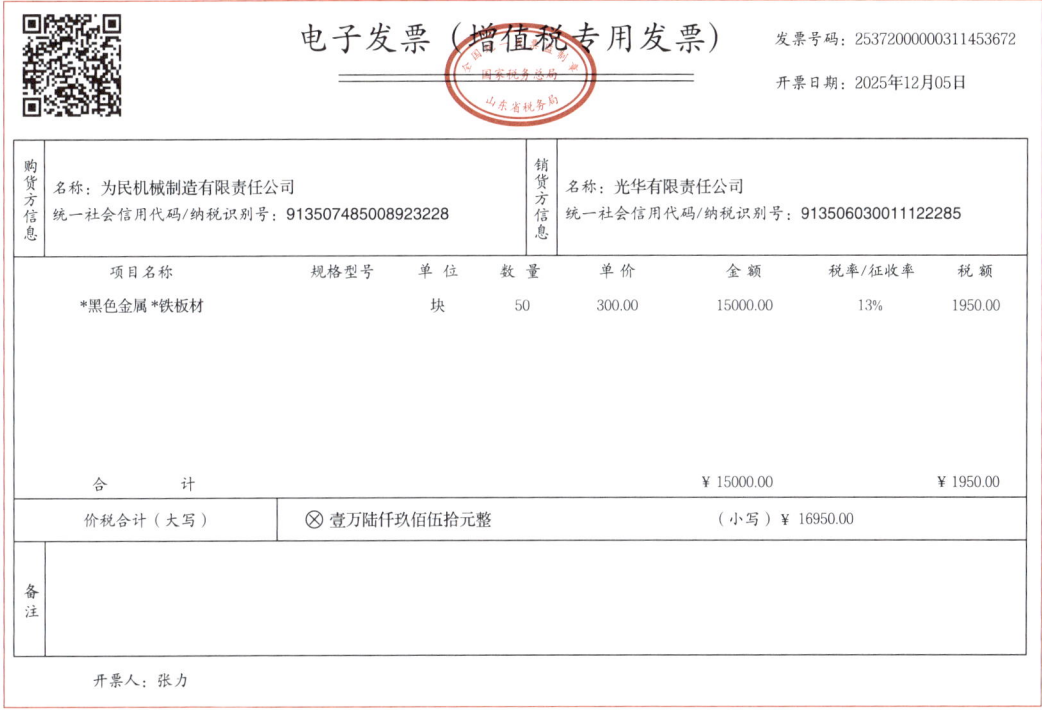

单据 8-3-2/3

领 料 单

字第 3609号

领料部门：销售部门	用途：销售	2025年12月5日				
品名	规格型号	单位	数量		单价/（元/块）	金额/元
			请领	实领		
铁板材		块	50		220.00	11 000.00
备注：	因改变生产计划，材料不再使用					
领料部门负责人：	领料人：孙序		会计：张力		发料人：陈卫	

单据 8-3-3/3

中国工商银行　进账单(回单) 1

2025 年 12 月 5 日　　　　　　　　　　　第0181号

付款人	全称	为民机械制造有限责任公司	收款人	全称	光华有限责任公司
	账号	16030047586079892		账号	16030058363803366
	开户银行	建设银行东海支行		开户银行	工商银行东海支行

人民币（大写）	壹万陆仟玖佰伍拾元整	￥ 16950.00（千百十万千百十元角分）
票据种类	转账支票	
票据张数	1	

盖章：中国工商银行股份有限公司东海支行　2025.12.05　核算用章（1）

收款单位开户行盖章

单位主管　　会计　　复核　　记账

此联是收款人开户银行给收款人的回单

单据 8-4-1/3

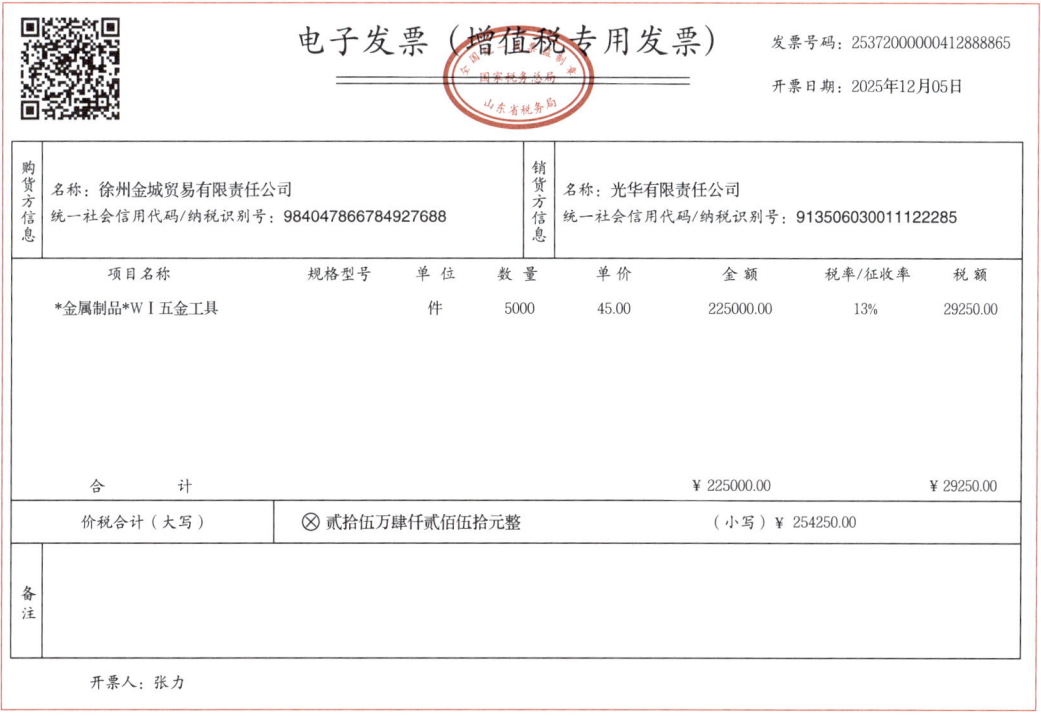

电子发票（增值税专用发票）

发票号码：25372000000412888865
开票日期：2025年12月05日

购货方信息	名称：徐州金城贸易有限责任公司	销货方信息	名称：光华有限责任公司
	统一社会信用代码/纳税识别号：984047866784927688		统一社会信用代码/纳税识别号：913506030011122285

项目名称	规格型号	单位	数量	单价	金额	税率/征收率	税额
*金属制品*WⅠ五金工具		件	5000	45.00	225000.00	13%	29250.00
合　计					￥225000.00		￥29250.00
价税合计（大写）		⊗ 贰拾伍万肆仟贰佰伍拾元整			（小写）￥254250.00		
备注							

开票人：张力

单据 8-4-2/3

单据 8-4-3/3

购 销 合 同

甲方：光华有限责任公司

乙方：徐州金诚贸易有限责任公司

为保护甲、乙双方的合法权益，根据《中华人民共和国民法典》，经协商一致同意签订本合同。

一、商品

品名	单位	不含税单价	数量	金额
WI五金工具	件	45.00	5 000	￥225 000.00

合计人民币（大写）：贰拾贰万伍仟元整（￥225 000.00）

二、交货及验收

1. 交货实行发货制，即：甲方应按订单所规定的时间将商品发运至乙方所指定的交货地点并交予乙方。运输费由乙方承担。

2. 货到现场时乙方收货人员仅点收箱数量或件数，以后乙方开箱时如发现商品数量、质量等不符合本合同的约定，则由甲方负责。

三、结算方式

1. 甲方向乙方发出商品后，采用汇兑方式向乙方收取货款。

2. 双方约定的现金折扣条件为：2/10，1/20，n/30,现金折扣只针对货款，不包括增值税税额。

……

四、本合同经双方签字盖章后生效，一式四份，甲、乙双方各执一份。

甲方：光华有限责任公司　　　　　　　　乙方：徐州金诚贸易有限责任公司

法人代表：赵鸿宇　　　　　　　　　　　法人代表：刘双双

签订日期：2025.12.05　　　　　　　　　签订日期：2025.12.05

单据 8-5-1/2

委托代销发出商品出库单

受托代销单位：星光商贸有限责任公司　　2025年12月5日　　委销出字第020号

第二联：会计记账

商品名称及规格	单位	数量	实际成本	金额（百十万千百十元角分）	备注
A288型电子机械	台	100	2 140	2 1 4 0 0 0 0 0	按售价收取10%的手续费
合　计				¥ 2 1 4 0 0 0 0 0	

主管：赵一　　记账：　　保管：钱红　　制单：孙海

单据 8-5-2/2

代 销 协 议

甲方（委托方）：光华有限责任公司

乙方（代销方）：星光商贸有限责任公司

甲、乙双方经友好协商，在平等合作、互惠互利的基础上，就甲方有关商品代销事宜，达成协议如下：

乙方根据每月的实际销售情况于每月10日前进行结算，甲方应根据协议规定办理相关结算手续并支付相关的费用，协议自2025年12月1日起至2025年12月31日止，协议未到期，如要提前终止协议，需先通知对方，协商一致后可终止协议。

一、协议内容

1. 甲、乙双方经营须遵守国家相关法律法规，不得违法经营。
2. 甲方须给乙方颁发销售代理授权书，并签订本协议。
3. 乙方须接受甲方颁发的销售代理授权书，并签订本协议。
4. 甲方须以书面等方式向乙方提供可靠、全面的公司和产品宣传资料。
5. 甲方以既定的代理价格供货给乙方，乙方承诺以不超过甲方提供的建议零售限额的价格销售，代销手续费为售价（不含税）的10%。
6. 甲方须保证由乙方代销的A288型电子机械均为合格产品，无劣质产品。
7. 甲方委托乙方销售的产品如下：

产品名称	建议售价	数量	金额
A288型电子机械	3 580.00	100	¥358 000.00

合计人民币（大写）：叁拾伍万捌仟元整（¥358 000.00）

8. 甲、乙双方须共同遵守商议价格，双方各自监督，任何一方不得擅自调整价格。
9. 本协议未尽事宜双方协商解决，自双方签字之日起开始生效。

二、免责条款

1. 因不可抗力因素（战争、自然灾害等）致使甲、乙双方任何一方不能履行本协议时，免责。
2. 因甲、乙公司突发状况，严重影响经营，甲、乙双方可单方面解除本协议。
3. 甲、乙双方协商一致，可以解除本协议，无须承担违约责任。

甲方：光华有限责任公司　　　　乙方：星光商贸有限责任公司

法人代表：赵鸿宇　　　　　　　法人代表：李程皓

日期：2025年12月1日　　　　　日期：2025年12月1日

单据 8-6-1/4

分期收款销售发出商品出库单

购货单位：嘉诚股份有限公司　　2025年12月12日　　分销出字第001号

商品名称及规格	单位	数量	实际成本	金额 百十万千百十元角分	备注
B126型电子机械	台	100	5 360	5 3 6 0 0 0 0 0	按合同规定，增值税一次收取，按不含税售价分三期收款
合　　计				¥ 5 3 6 0 0 0 0 0	

主管：赵一　　记账：　　保管：钱红　　制单：孙海

第二联：会计记账

单据 8-6-2/4

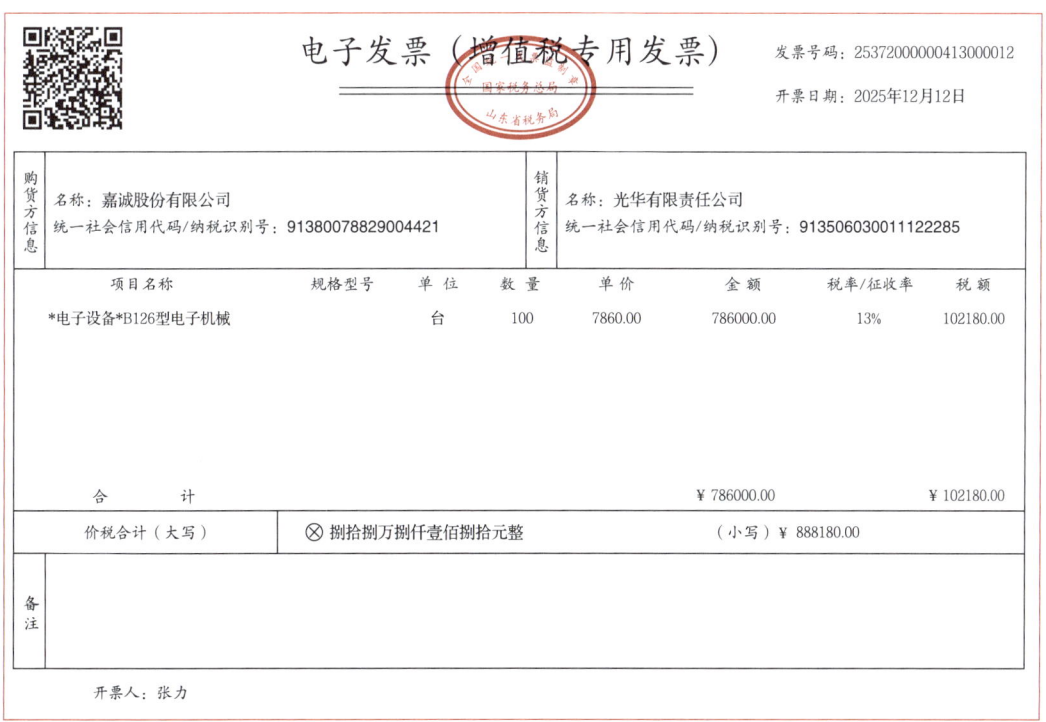

单据 8-6-3/4

中国工商银行　进账单（回单）1

2025 年 12 月 12 日　　　　第0182号

付款人	全称	嘉诚股份有限公司	收款人	全称	光华有限责任公司
	账号	1892487487568466		账号	16030058363803366
	开户银行	建设银行会通支行		开户银行	工商银行东海支行

人民币（大写）	肆拾壹万陆仟伍佰捌拾元整	¥ 416580 00 （千百十万千百十元角分）
票据种类	银行汇票	
票据张数	1	收款单位开户行盖章 中国工商银行股份有限公司东海支行 2025.12.12 核算用章（1）

单位主管　　会计　　复核　　记账

此联是收款人开户银行给收款人的回单

单据 8-6-4/4

分期收款销售商品成本计算单

2025年12月12日　　　　分销成字第001号

商品名称及规格	单位	数量	单价/(元/台)	金额（百十万千百十元角分）	备注
B126 型电子机械	台	100	5 360	2 1 4 4 0 0 0 0	40%的成本
合计				¥ 2 1 4 4 0 0 0 0	

主管　赵一　　会计：　　记账：　　制单　孙海

第二联：会计记账

单据 8-7-1/1

中国工商银行 银行往来账凭证（收账通知）

委托日期 2025 年 12 月 14 日　　No：0289350
　　　　　　　　　　　　　　　　　第 0801 号

收款人	全称	光华有限责任公司	汇款人	全称	徐州金诚贸易公司
	账号或住址	1603005836380366		账号或住址	134030047586079892
	汇出地点	山东省东海市	汇出行名称	工商银行东海支行	汇入地点	江苏省徐州市	汇入行名称	工商银行徐州支行

金额　人民币（大写）贰拾伍万伍仟伍佰叁拾玖元整　￥255539 00

汇款用途：购货款

上列款项已转账，如有疑问，请持此单来行面洽。

收款单位开户银行

（中国工商银行股份有限公司东海支行 2025.12.14 核算用章（1））

单据 8-8-1/1

中国工商银行托收凭证（收款通知）

委托日期 2025 年 12 月 17 日　　4
　　　　　　　　　　　　　　委托号码 2884884
付款期限 2025 年 12 月 17 日

业务类型：委托收款（□邮划 □电划）　托收承付（□邮划 ☑电划）

付款人	全称	齐城购销公司	收款人	全称	光华有限责任公司
	账号	860026373747866		账号	16030058363803366
	地址	山东省淄博市/县	开户行	农业银行齐城支行	地址	山东省东海市/县	开户行	工商银行东海支行

金额　人民币（大写）壹拾捌万伍仟柒佰叁拾元整　￥185730 00

款项内容：货款　　托收凭据名称：发票　　附寄单证张数：2
商品发运情况：已发运　　合同名称号码：BF178

备注：上列款项已划回收入方账户内
（中国工商银行股份有限公司东海支行 2025.12.17 核算用章（1））
收款人开户银行签章 2025 年 12 月 17 日

复核　　记账

单据 8-9-1/3

星光商贸有限责任公司

代销商品清单

2025 年 12 月 22 日　　　　　　　　　　　　　　　　No：300431

委托单位	光华有限责任公司						
代销商品品名	单位	数量	单价/（元/台）	金额/元	税率	增值税/元	
A288 型电子机械	台	50	3 580	179 000.00	13%	23 270.00	三联记账
代销金额	179 000.00		手续费率	10%		¥17 900.00	
说明	共委托代销 100 台				备注：手续费按不含税价计算		
会计主管	卫青		复核	发票专用章		经办人	吴为

单据 8-9-2/3

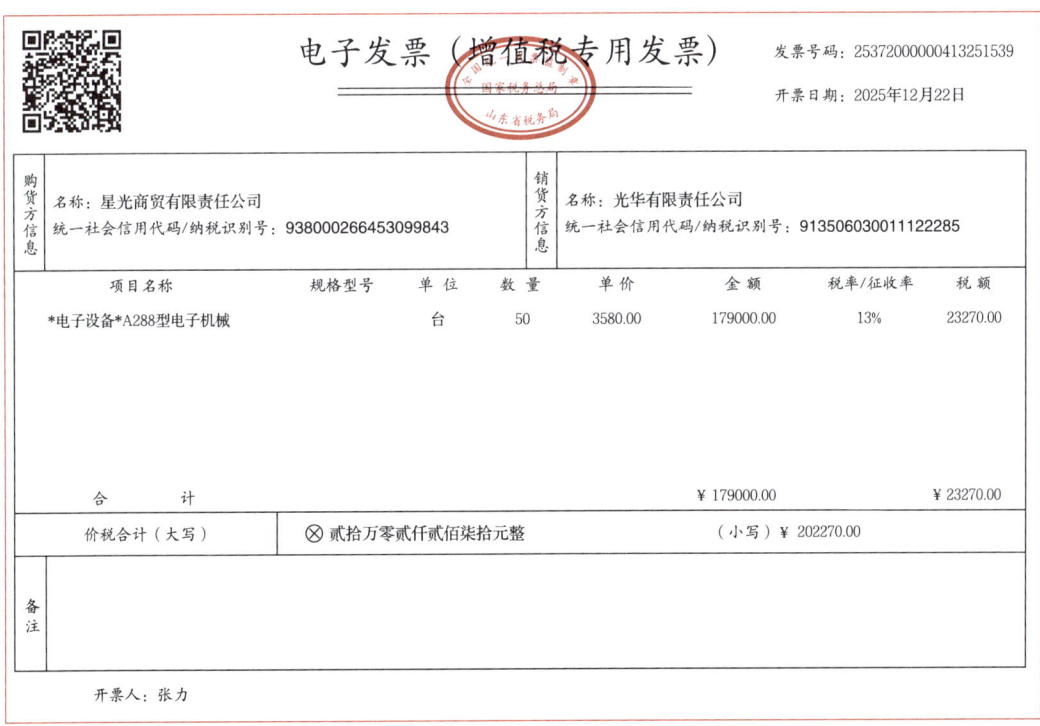

单据 8-9-3/3

电子发票（增值税专用发票）

发票号码：25372000000414679176
开票日期：2025年12月22日

购货方信息	名称：光华有限责任公司 统一社会信用代码/纳税识别号：913506030011122285
销货方信息	名称：星光商贸有限责任公司 统一社会信用代码/纳税识别号：938000266453099843

项目名称	规格型号	单位	数量	单价	金额	税率/征收率	税额
*代销服务*代销手续费					17900.00	6%	1074.00
合计					¥17900.00		¥1074.00

价税合计（大写） ⊗ 壹万捌仟玖佰柒拾肆元整   （小写）¥ 18974.00

备注：委托代销100台，已销售50台，代销手续费按不含税销售额的10%计算，抵扣代销款

开票人：刘玲光

单据 8-10-1/1

中国工商银行　进账单（回单）1

2025 年 12 月 26 日　　　　　第0183号

付款人	全称	星光商贸有限责任公司	收款人	全称	光华有限责任公司
	账号	2100060035765846		账号	16030058363803366
	开户银行	工商银行泰山分理处		开户银行	工商银行东海支行

人民币（大写）　壹拾捌万叁仟贰佰玖拾陆元整

千	百	十	万	千	百	十	元	角	分
¥	1	8	3	2	9	6	0	0	

票据种类	银行汇票
票据张数	1

收款单位开户行盖章
中国工商银行股份有限公司东海支行
2025.12.26
核算用章（1）

此联是收款人开户银行给收款人的回单

单位主管　　会计　　复核　　记账

单据 8-11-1/1

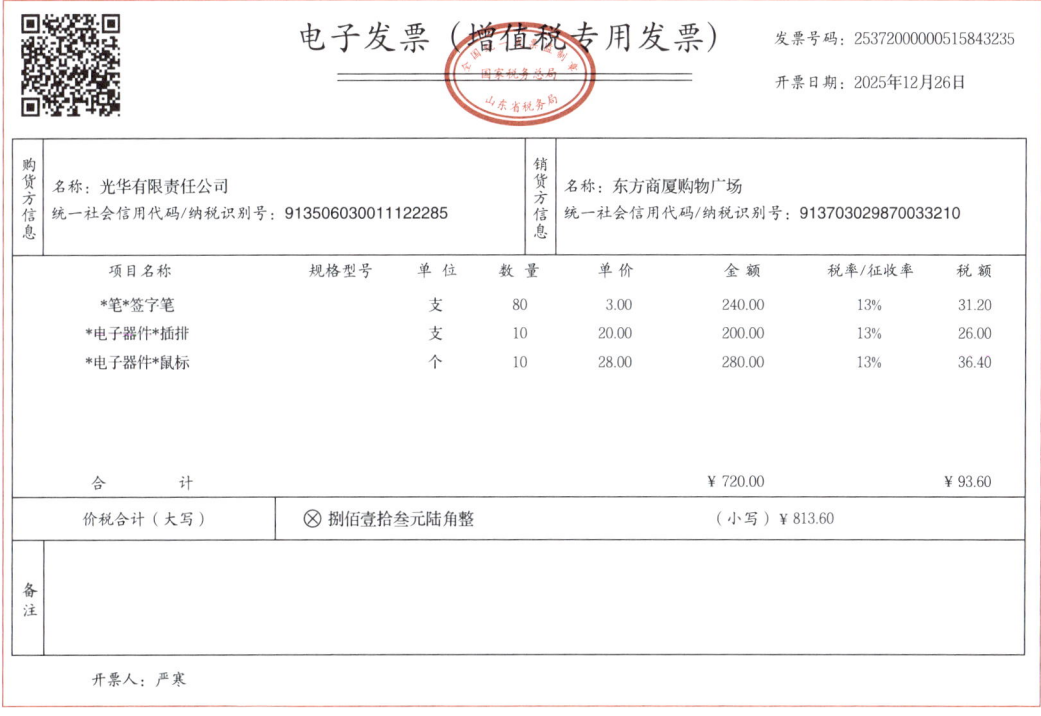

单据 8-12-1/2

单据 8-12-2/2

单据 8-13-1/1

单据 8-14-1/2

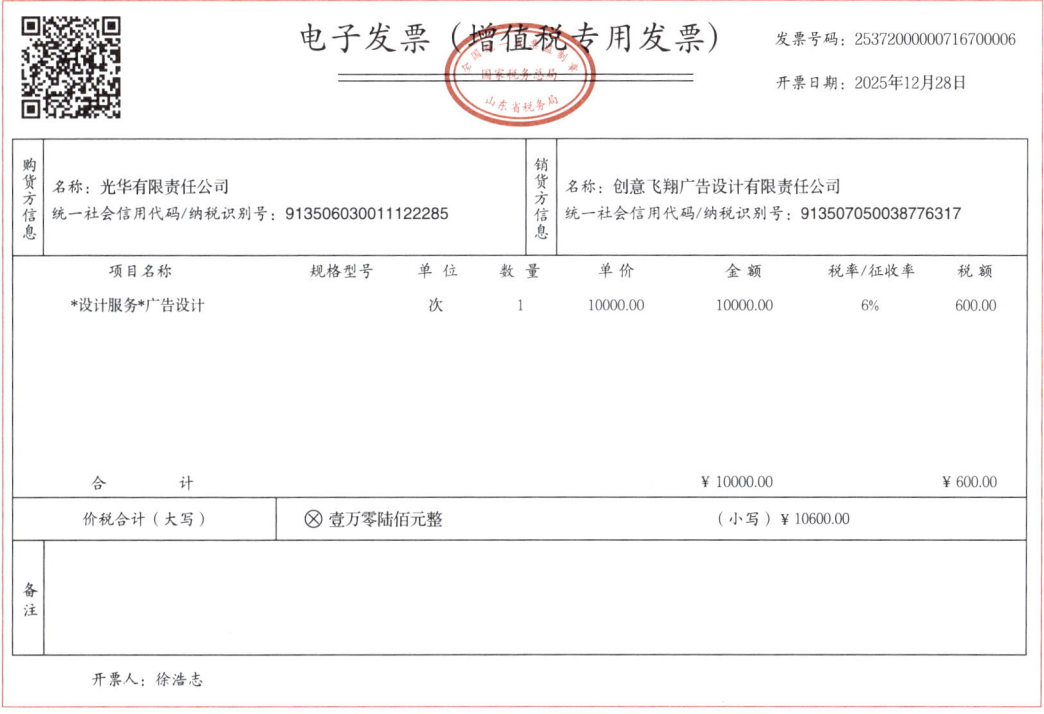

单据 8-14-2/2

单据 8-15-1/3

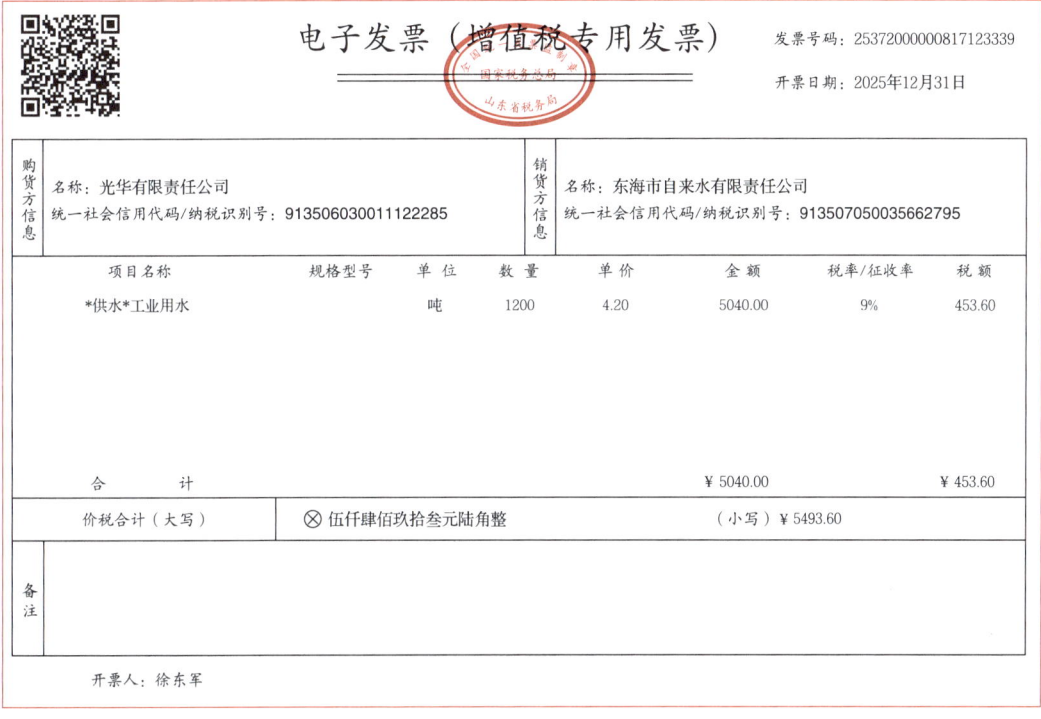

单据 8-15-2/3

外购水费分配表
2025年12月31日　　　　　　　　　　　　　　　　　　　金额单位：元

受益对象	耗用量	分配率	分配金额
生产车间	1 100		
公司管理部门	100		
合计	1 200		

单据 8-15-3/3

单据 8-16-1/3

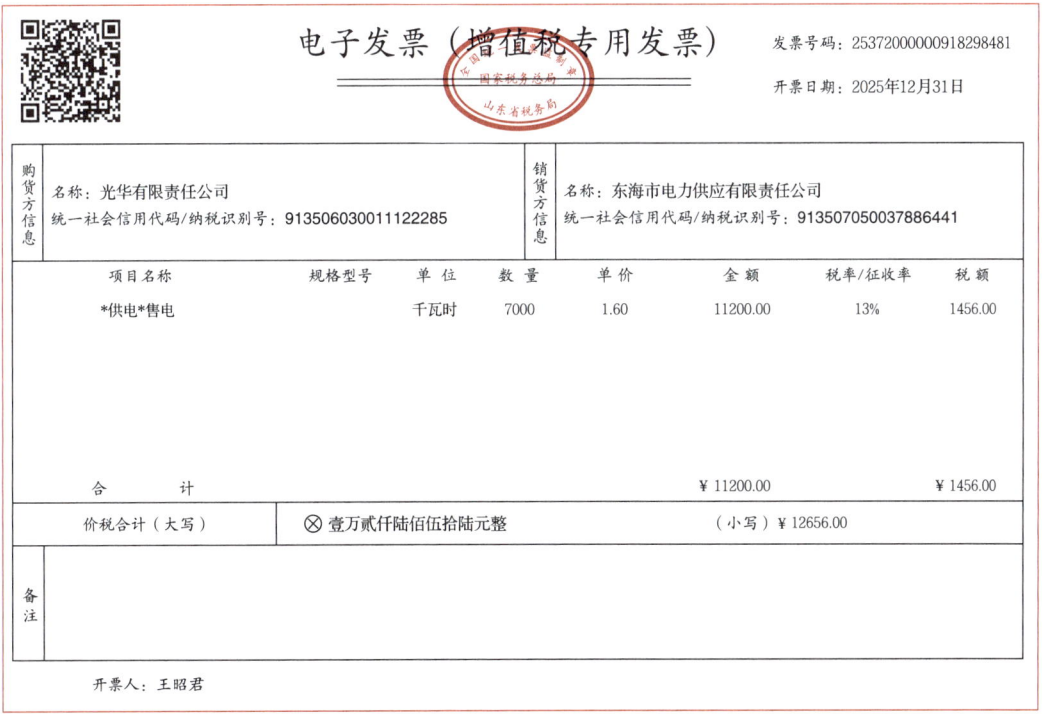

单据 8-16-2/3

外购电费分配表
2025年12月31日　　　　　　　　　　　　金额单位：元

受益对象	耗用量	分配率	分配金额
生产车间	12 800		
公司管理部门	1 200		
合计	14 000		

单据 8-16-3/3

中国工商银行　　　　　　　　　　　　　凭证
业务回单（付款）

币别：人民币　　　　2025年12月31日　　　回单编号：162360004785

付款人户名：光华有限责任公司　　　　　付款人开户行：工商银行东海支行

付款人账号（卡号）：16030058363803366

收款人户名：东海市电力供应有限责任公司　　收款人开户行：工商银行太子路支行

收款人账号（卡号）：3500055876008901

金额：壹万贰仟陆佰伍拾陆元整　　　　小写：12 656.00元

业务（产品种类）：同城转账　　凭证种类：000000　　凭证号码：000000

摘要：转款　　　　　　　　　用途：付电费

交易机构：0165780021　　记账柜员：00014　　交易代码：3324　　渠道：网上银行

客户备注：

本回单为第1次打印，注意重复　　打印日期：2025年12月31日　　打印柜员：9　　验证码：2543288478001

（印章：中国工商银行股份有限公司东海支行 自助回单机专用章（01））

单据 8-17-1/1

预提借款利息计算表
2025年12月31日　　　　　　　　　　　　第 012 号

借款种类	借款额/元	利率	本月应提利息	备注
生产周转借款	200 000	7.20%		
基建借款	10 000 000	8.40%		
合计				

主管：　　　　会计：　　　　记账：　　　　制单：

单据 8-18-1/1

销售商品成本计算单

2025年12月31日　　　　第 001 号

商品名称及规格	单位	数量	单价	金额 百 十 万 千 百 十 元 角 分	备注

主管：　　　　会计：　　　　记账：　　　　制单：

单据 8-19-1/1

城市维护建设税、教育费附加计算表

2025年12月31日　　　　单位：元

项目	计算依据			比例	金额
	增值税	消费税	合计		
城市维护建设税				7%	
教育费附加				3%	
合计					

会计主管：　　　　审核：　　　　制单：

单据 8-20-1/2

本月损益类账户结转表

2025年12月31日　　　　单位：元

科目名称	借方发生额	贷方发生额
主营业务收入		
其他业务收入		
合计		

会计主管：　　　　审核：　　　　制单：

单据 8-20-2/2

本月损益类账户结转表
2025年12月31日　　　　　　　　　　　　　　　单位：元

科目名称	借方发生额	贷方发生额
主营业务成本		
其他业务成本		
税金及附加		
管理费用		
销售费用		
财务费用		
合计		

会计主管：　　　　　审核：　　　　　制单：

单据 8-21-1/2

本月所得税计算表
2025年12月31日　　　　　　　　　　　　　　　单位：元

计税依据（本期利润总额）	税率	本期应交所得税金额
	25%	

单据 8-21-2/2

内部转账单
2025年12月31日　　　　　　　　　　　　　　　单位：元

应借科目	应贷科目	金　额	备　注
本年利润			
	所得税费用		

会计主管：赵一　　　审核：李勇　　　制单：张力

单据 8-22-1/1

内部转账单
2025年12月31日　　　　　　　　　　　　　　　单位：元

应借科目	应贷科目	金　额	备　注
本年利润			
	利润分配——未分配利润		

会计主管：赵一　　　审核：李勇　　　制单：张力

单据 8-23-1/2

本年提取盈余公积金计算表

企业名称：光华有限责任公司　　　　2025年度　　　　　　　　　　单位：元

项　　目	金额（小数点后两位）
本年净利润	
减：弥补企业以前年度亏损	0
计提盈余公积金基数	
本年应计提法定盈余公积金	
本年应计提任意盈余公积金	

会计主管　赵一　　　　审核　李勇　　　　制单　张力

单据 8-23-2/2

应付利润计算表

企业名称：光华有限责任公司　　　　2025年度　　　　　　　　　　单位：元

上年未分配利润	可供分配利润	可供投资者分配利润	分配比例	应付利润总额

会计主管　赵一　　　　审核　李勇　　　　制单　张力

单据 8-24-1/1

内部转账单

2025年12月31日　　　　　　　　　　　　　　　　单位：元

应借科目	应贷科目	金　　额	备　注
利润分配——未分配利润			
	利润分配——提取法定盈余公积金		
	利润分配——提取任意盈余公积金		
	利润分配——应付利润		

会计主管　赵一　　　　审核　李勇　　　　制单　张力

三、实训要求

（1）设置"本年利润"和"利润分配"总账及明细账，并登记期初余额。

（2）根据原始凭证编制记账凭证。

（3）假定该公司 12 月仅发生上述经济业务，作出利润结转、按 25% 计算缴纳所得税以及利润分配的有关会计处理。（法定盈余公积、任意盈余公积的提取比例为 10%、5%，向投资者分配利润 20%。）

（4）进行年度利润结转，并计算企业年终"利润分配——未分配利润"账户；

（5）在 Excel 中完成上述任务。

四、所需实训材料

序号	种类	数量	备注
1	记账凭证	34 张	使用通用记账凭证或者用下列会计分录纸代替
2	三栏式账页	7 张	本年利润、利润分配总账及明细账

1. 记账凭证（会计分录纸）

序号	摘要	会计科目	明细科目	记账	借方金额	贷方金额

续表

序号	摘要	会计科目	明细科目	记账	借方金额	贷方金额

续表

序号	摘要	会计科目	明细科目	记账	借方金额	贷方金额

续表

序号	摘要	会计科目	明细科目	记账	借方金额	贷方金额

2. 三栏式账页

总　账

会计科目：_____

年		凭证		摘要	借方	贷方	借或贷	余额
月	日	种类	号数					

总　账

会计科目：_____

年		凭证		摘要	借方	贷方	借或贷	余额
月	日	种类	号数					

明 细 账

会计科目：

年		凭证		摘要	对方科目	借方	贷方	借或贷	余额
月	日	种类	号数						

明 细 账

会计科目：

年		凭证		摘要	对方科目	借方	贷方	借或贷	余额
月	日	种类	号数						

明细账

会计科目：

年		凭证		摘要	对方科目	借方	贷方	借或贷	余额
月	日	种类	号数						

明细账

会计科目：

年		凭证		摘要	对方科目	借方	贷方	借或贷	余额
月	日	种类	号数						

明细账

会计科目：_____

年		凭证		摘要	对方科目	借方	贷方	借或贷	余额
月	日	种类	号数						

五、实训答案

实训八答案　　本年利润　　利润分配
　　　　　　　总账及明细账　总账及明细账

项目九

会计报表编制综合实训

一、实训目标

能够通过会计业务处理综合训练掌握资产负债表、利润表和现金流量表的编制方法。培养学生"三坚三守"的会计职业道德规范和严谨细致的会计工匠精神。

二、实训背景资料

（一）光华有限责任公司基本情况

光华有限责任公司是增值税一般纳税人，增值税税率为13%。假定生产A288、B126两种产品。

出纳：丁凡；会计：张力；主管：赵一。

开户银行：工商银行东海支行；行号：37930。

账号：16030058363803366。

统一社会信用代码：913506030011122285。

联系电话：0198-27606068。

公司地址：东海市南京路677号。

（二）光华有限责任公司 2025 年 12 月 1 日有关账户的余额（见表 9-1）

表 9-1 单位：元

账户	金额（借）	账户	金额（贷）
库存现金	7 600	累计折旧	1 392 000
银行存款	613 000	短期借款	278 000
应收票据	60 000		
应收账款	140 000	应付账款	179 600
其他应收款	10 800	应交税费	9 400
在途物资	160 000	其他应付款	143 000
原材料	194 000	长期借款	1 000 000
库存商品	907 800	实收资本	16 139 800
长期股权投资	136 600	盈余公积	978 000
固定资产	18 070 000	本年利润	420 000
无形资产	240 000		

注：本年利润为当年实现的利润。

（三）该公司 2025 年 12 月发生的有关经济业务的原始凭证（见单据 9-1～单据 9-37）

单据 9-1-1/2

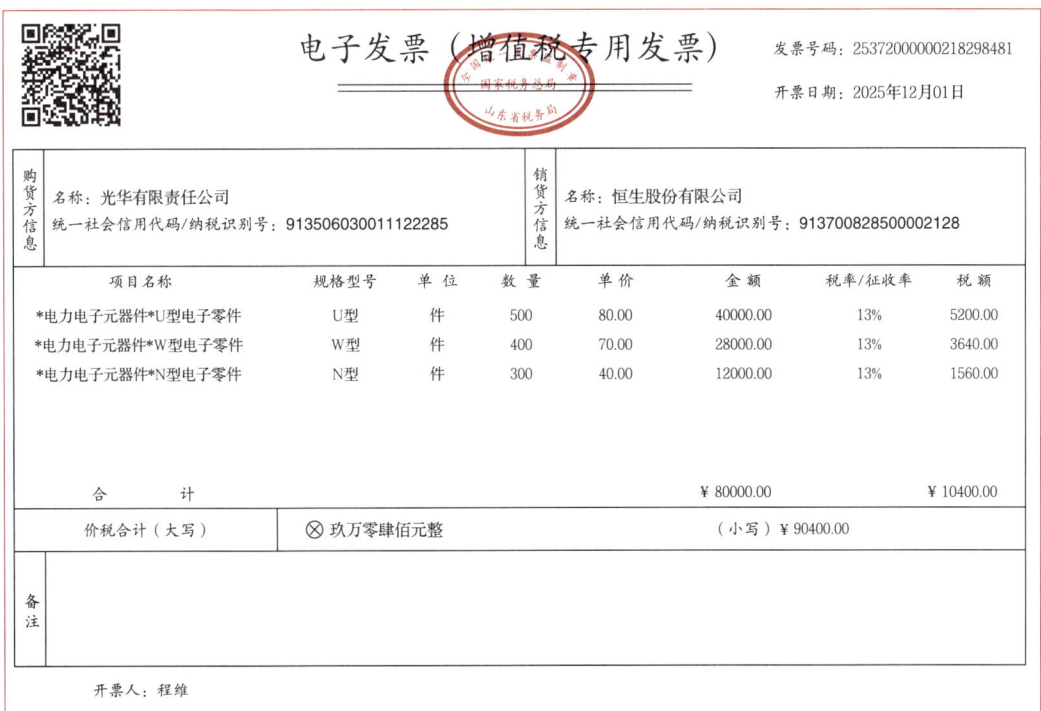

单据 9-1-2/2

单据 9-2-1/1

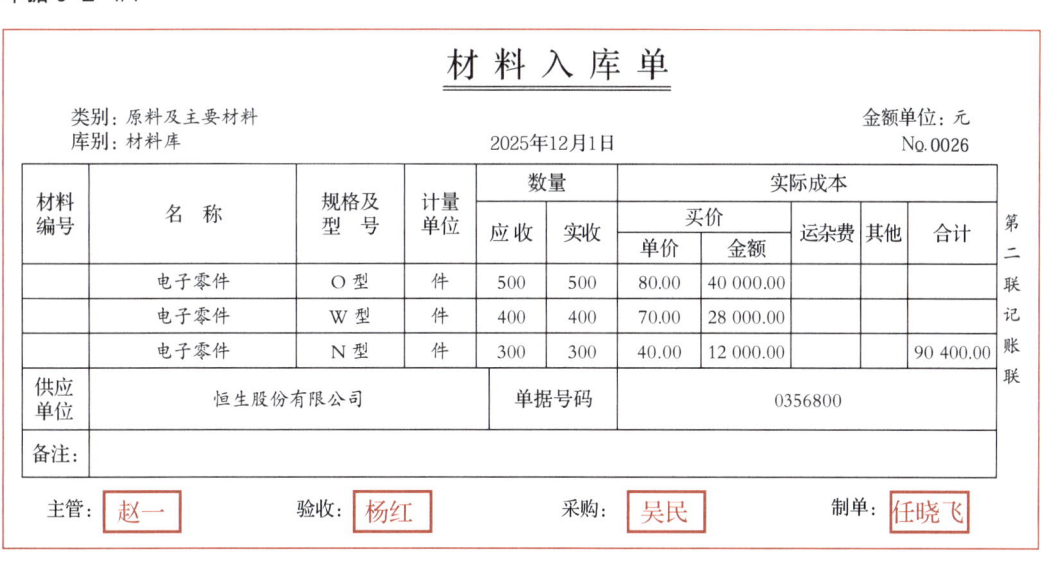

单据 9-3-1/1

借 款 单

2025年12月3日 字第 0275 号

借款人	吕田	借款事由	参加订货会
所属部门	购销科		
借款金额人民币（大写）	陆仟元整	核准金额	人民币（大写） 陆仟元整

审批意见：
同意借支
于亮 12月3日

现金付讫

归还期限：12月18日
归还方式：
回来报账

| 会计主管 | 赵一 | 复核 | 张力 | 出纳 | 丁凡 | 借款人 | 吕田 |

单据 9-4-1/2

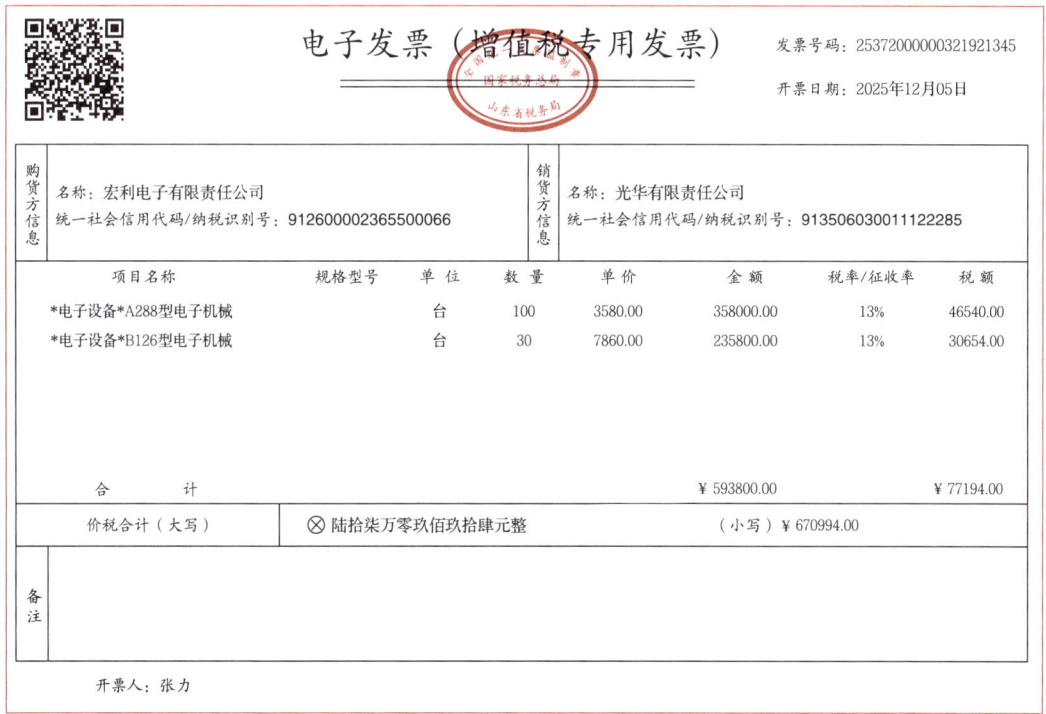

项目九　会计报表编制综合实训

单据9-4-2/2

中国工商银行　进账单(回单) 1

2025年12月5日　　　　第0610号

付款人	全称	宏利电子有限责任公司	收款人	全称	光华有限责任公司
	账号	16060036465700012		账号	16030058363803366
	开户银行	工商银行鲁中支行		开户银行	工商银行东海支行

人民币（大写）	陆拾柒万零玖佰玖拾肆元整	千	百	十	万	千	百	十	元	角	分
	¥		6	7	0	9	9	4	0	0	

票据种类	银行汇票
票据张数	1

单位主管　　会计　　复核　　记账　　　　收款单位开户行盖章

（中国工商银行股份有限公司东海支行 2025.12.05 核算用章（1））

此联是收款人开户银行给收款人的回单

单据9-5-1/2

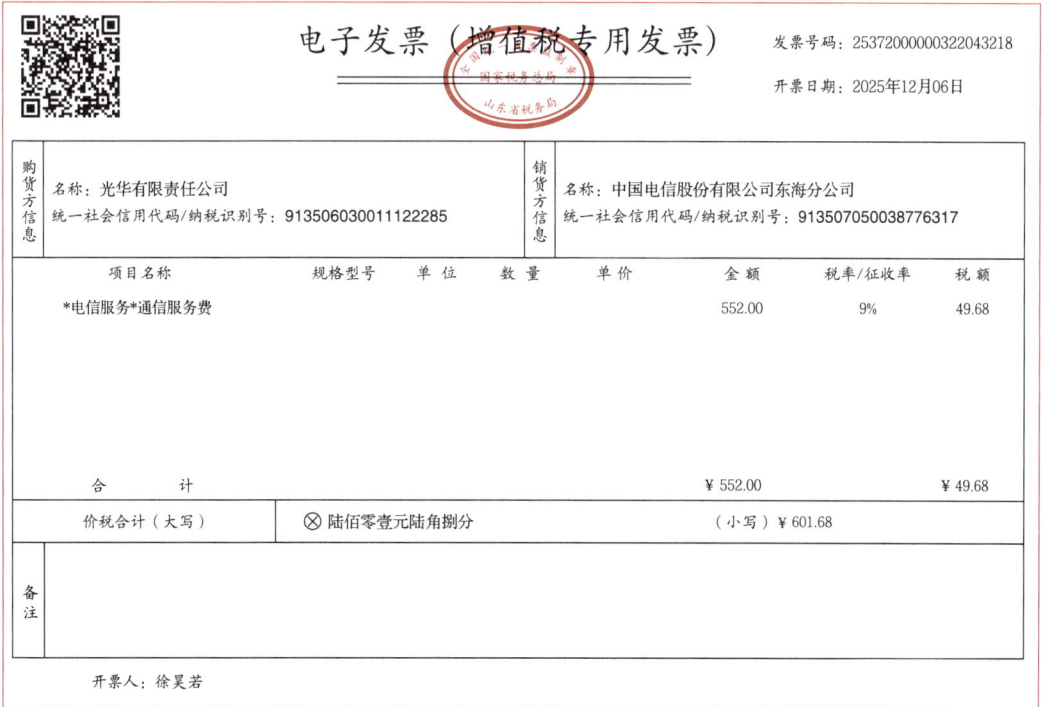

电子发票（增值税专用发票）

发票号码：25372000000322043218
开票日期：2025年12月06日

购货方信息	名称：光华有限责任公司 统一社会信用代码/纳税识别号：913506030011122285	销货方信息	名称：中国电信股份有限公司东海分公司 统一社会信用代码/纳税识别号：913507050038776317

项目名称	规格型号	单位	数量	单价	金额	税率/征收率	税额
*电信服务*通信服务费					552.00	9%	49.68
合　　计					¥552.00		¥49.68
价税合计（大写）	⊗ 陆佰零壹元陆角捌分				（小写）¥601.68		
备注							

开票人：徐昊若

单据9-5-2/2

电子银行转账凭证（回单）

2025年12月6日　　序号60006333

付款人	户名	光华有限责任公司		
	账号	16030058363803366	汇出地点	东海市南京路677号
	汇出行	工商银行东海支行		
收款人	户名	中国电信股份有限公司东海分公司		
	账号	17800055876869908	汇入地点	东海市通汇路1016号
	汇入行	工商银行城东支行		
金额大写		人民币陆佰零壹元陆角捌分		
金额小写		￥601.68	用途	电话费
加急标志：	客户标志：	渠道：	流水号：	

上列款项已委托办理

（中国工商银行股份有限公司东海支行 2025.12.06 核算用章（1））

（经办行盖章）

付款通知

单据9-6-1/3

付款申请书

2025年12月8日

用途及情况	支付材料款									收款单位（人）：中创电子股份有限公司
支付材料款	千	百	十	万	千	百	十	元	角	分	账号：3700055876865885
			￥	3	2	0	0	0	0	0	0	开户行：中国银行城东支行
金额（大写）合计：	人民币叁拾贰万元整									电汇：□　信汇：□　汇票：□　转账：☑　其他：□

总经理	高晓	财务部门	经理	陈政	业务部门	经理	王力荣
			会计	张力		经办人	张力

单据 9-6-2/3

中国工商银行结算业务申请书

申请日期2025年12月8日　　AB 67841923

| 业务类型 | 电汇□ | 信汇□ | 汇票申请书☑ | 本票申请书□ | 其他□ |

申请人	全称	光华有限责任公司	收款人	全称	中创电子股份有限公司
	账号或地址	16030058363803366		账号或地址	3700055876865885
	开户银行	工商银行东海支行		开户银行	中国银行城东支行

| 金额 | 人民币（大写） | 叁拾贰万元整 | 亿千百十万千百十元角分 ¥ 3 2 0 0 0 0 0 0 |

| 支付密码 | 4 8 1 6 2 3 5 1 5 4 3 0 8 8 7 8 |

| 电汇时请选择 | 附加信息及用途 |
| 普通□ 加急□ | 支付材料款 |

银行签章：中国工商银行股份有限公司东海支行 2025.12.08 核算用章（1）

第三联 此联是付款行给付款人的回单

单据 9-6-3/3

中国工商银行（东海支行）付款通知书

日期2025年12月8日

机构号301581652748　　交易代码7591294712940518

| 单位名称 | 光华有限责任公司 |
| 账号 | 16030058363803366 |

摘要		
手续费	16.00	
	金额合计	¥16.00
金额合计（大写）	人民币壹拾陆元整	

注：此付款通知书加盖我行业务公章方有效
流水号19478129401284193　　经办 林星

中国工商银行股份有限公司东海支行 2025.12.08 核算用章（1）

第二联 回单

单据 9-7-1/1

工商银行电子缴税付款凭证

转账日期：2025年12月10日　　　　　　凭证字号：370011006366355652

纳税人全称及纳税人识别号	350603001112228		
付款人全称	光华有限责任公司		
付款人账号	16030058363803366	征收机关名称	东海区国税局
付款人开户银行	工商银行东海支行	收缴国库名称	国家金库东海支库
小写（合计）金额	60 000.00	缴款书交易流水号	111006366355652000
大写（合计）金额	陆万元整	税票号码	370011006366355652
税（费）种名称	所属时期		实缴金额
增值税	20251101 — 20251130		60 000.00
第　次打印	打印时间		

第二联作付款回单（无银行收讫章无效）　　复核　　记账

中国工商银行股份有限公司东海支行
2025.12.20
核算用章（1）

单据 9-8-1/5

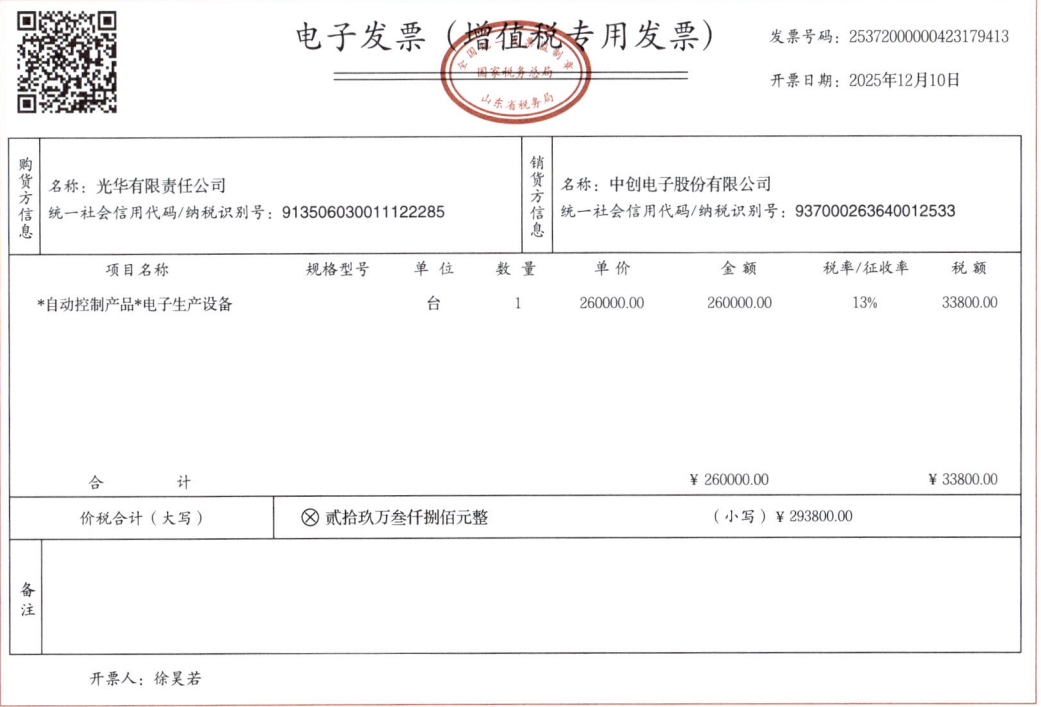

开票人：徐昊若

单据 9-8-2/5

电子发票（增值税专用发票）

发票号码：25372000000425679129
开票日期：2025年12月10日

货物运输服务

| 购货方信息 | 名称：光华有限责任公司 统一社会信用代码/纳税识别号：913506030011122285 | 销货方信息 | 名称：山东省东营市兴盛运输有限责任公司 统一社会信用代码/纳税识别号：913768756223312477 |

项目名称	规格型号	单位	数量	单价	金额	税率/征收率	税额
*运输服务*运费					8000.00	9%	720.00
合　　计					¥ 8000.00		¥ 720.00

运输工具种类	运输工具牌号	起运地	到达地	运输货物名称
其他运输工具	鲁E57863J	东营市	东海市	电子专业设备

价税合计（大写）　⊗ 捌仟柒佰贰拾元整　　（小写）¥ 8720.00

备注：

开票人：路红红

单据 9-8-3/5

电子银行转账凭证（回单）

2025年12月10日　　序号60006564

付款人	户名	光华有限责任公司			
	账号	16030058363803366	汇出地点	东海市南京路687号	
	汇出行	工商银行东海支行			
收款人	户名	山东省东营市兴盛运输有限责任公司			
	账号	6222078457824000129	汇入地点	东营市通汇路1018号	
	汇入行	工商银行东营支行			
金额大写	人民币捌仟柒佰贰拾元整				
金额小写	¥ 8 720.00		用途	购货款及运输费	
加急标志：	客户标志：	渠道：		流水号：	

上列款项已委托办理

中国工商银行股份有限公司东海支行
2025.12.10
核算用章（1）

（经办行盖章）

单据 9-8-4/5

中国工商银行
银行汇票

付款期限 壹个月
多余款（收账通知）
4
第0056743号

出票日期 贰零贰伍 年 壹拾贰 月 壹拾 日（大写）
代理付款行：中国银行城东支行　行号：400857

收款人：中创电子股份有限公司　账号：3700055876865885

出票金额 人民币（大写） 叁拾贰万元整

实际结算金额 人民币（大写） 贰拾玖万叁仟捌佰元整
¥ 2 9 3 8 0 0 0 0

申请人：光华有限责任公司
账号或住址：16030058363803366

出票行：工商银行东海支行　账号：37930

备注：购电子生产设备

凭票付款
出票行签章

密押：

多余金额
¥ 2 6 2 0 0 0 0

左列退回多余金额已收入你账户

（中国工商银行东海支行　2025.12.10　核算用章（1））

单据 9-8-5/5

固定资产使用验收单

编号：000026
交接日期：2025年12月10日

使用部门：生产车间

固定资产编号	固定资产名称	出品工厂和日期	型号	原价或自建成本	
				单价	
	电子生产设备			总值	268 000.00
				安装费	
				运输费	

主要规格及说明：

单位	台	数量	1	来源	购入
月折旧率	月折旧额	开始计提折旧年月	已提折旧累计		
			净值		

负责人：寒冰　　固定资产管理部门：　　固定资产使用部门：　　财会部门：

单据 9-9-1/4

差旅费报销单

2025年12月12日 填

附件　张

姓名	吕田	出差地点	广州	出差事由	参加订货会	日期	12月3日起 12月12日止
乘火车费	自 东海北 站至 广州 站			金额	1 024.60	说明： 原借款6 000元，抵扣后补付现金。	
乘汽车费				金额	300.00		
乘飞机费	自 广州 站至 东海 站			金额	2 570.70		
行李运费	千克	每千克	元	金额			
出差补助费	9 天	定额	60	金额	540.00		
住宿费	10 天	定额	150	金额	1 500.00		
其他					450.00		
合计金额	小写	¥6 385.30		单位负责人	于亮 2025年12月12日		
	大写	陆仟叁佰捌拾伍元叁角整					

（现金付讫）

会计主管：赵一　　出纳：丁凡　　报销人：吕田

注：1. 住宿费为"增值税普通发票"，不允许抵扣进项税额。
　　2. 按规定取得注明旅客身份信息的铁路车票或机票行程单的，按下列公式计算进项税额：铁路旅客运输进项税额＝票面金额÷（1+9%）×9%。

单据 9-9-2/4

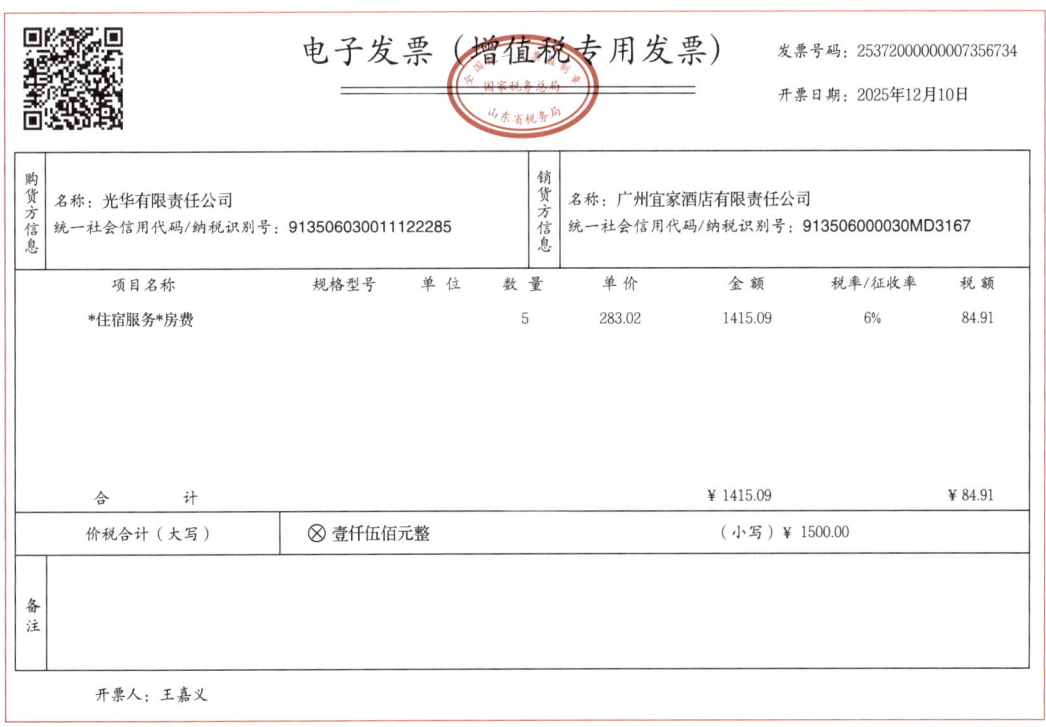

电子发票（增值税专用发票）

发票号码：25372000000007356734
开票日期：2025年12月10日

购货方信息	名称：光华有限责任公司 统一社会信用代码/纳税识别号：913506030011122285		销货方信息	名称：广州宜家酒店有限责任公司 统一社会信用代码/纳税识别号：913506000030MD3167			
项目名称	规格型号	单位	数量	单价	金额	税率/征收率	税额
*住宿服务*房费			5	283.02	1415.09	6%	84.91
合　　　计					¥1415.09		¥84.91
价税合计（大写）	⊗ 壹仟伍佰元整				（小写）¥1500.00		
备注							

开票人：王嘉义

单据 9-9-3/4

电子发票（铁路电子客票）

发票号码：25379117607000976 4512　　　　开票日期：2025年12月12日

东海北站　　　　G2080　　　　**广州**站
Donghai　　　　　　　　　　　　　Guangzhou

2025年12月07日　　8：22开　　12车13D号　　二等座

票价：1024.60

3702011992****0021　　　吕田

电子客票号：17607920932408872 39123780

购买方名称：光华有责任公司　　统一社会信用代码：913506030011122285

买票请到12306发货请到95306
中国铁路祝您旅途愉快

单据 9-9-4/4

航空运输电子客票行程单
ITINERARY/RECEIPT OF E-TICKET FOR AIR TRANSPORT

印刷序号：45315005398
SERIAL NUMBER

旅客姓名 NAME OF PASSENGER	有效身份证件号码 ID.NO.	签注 ENDORSEMENTS/RESTRICHONS（CARHON）
刘丹丹	378802196805124938	不得转签限原出票地退票

NW6G03	承运人 CARRIER	航班号 FLIGHT	座位等级 CLASS	日期 DATE	时间 TIME	客票级别/客票类别 FARE BASIS	客票生效日期 NOT VALID BEFORE	有效截止日期 NOT VALID AFTER	免费行李 ALLOW
自 FROM 广州	MU	5132	L	2025/12/10	17:46	L			20k
至 TO 东海	MU	5132							
至 TO									

	票价 FARE CNY2520.70	机场建设费 AIRPORT TAX CN50.00	燃油附加费 FULL SURCHARGE	其他税费 OTHER TAXES	合计 TOTAL CNY2570.70
至 TO					

电子客票号 E-TICKET NO. 9992106974333

验证码 CK　3233

提示信息 INFORMATION

保险费 INSURANCE

销售单位代号 AGENT CODE　1051/KSMIYC/81681

填开单位 ISSUED BY　中国南方航空电子客票行程单

填开日期 DATE OF ISSUE　2025/12/10

单据 9-10-1/3

银行承兑汇票				2	DB 01 199201
出票日期（大写）	贰零贰伍 年 壹拾壹 月 壹拾贰 日				

出票人全称	山东齐鲁有限责任公司	收款人	全称	光华有限责任公司
出票人账号	350603001198887		账号	16030058363803366
付款行全称	工商银行东海支行		开户银行	工商银行东海支行

出票金额	人民币（大写） 陆万元整				亿 千 百 十 万 千 百 十 元 角 分 ¥ 6 0 0 0 0 0 0 0
汇票到期日（大写）	贰零贰陆年零贰月壹拾贰日	付款行	行号	16030058363807700	
承兑协议编号	XY1188		地址	东海市联通路1256号	

本汇票请你行承兑，到期无条件付款。	本汇票已经承兑，到期日由本行付款。
（山东齐鲁有限责任公司财务专用章） （出票人签章：丹王印小）	承兑日期2025年12月12日 承兑行签章
	备注： 复核 记账

此联收款人开户行随托收凭证寄付款行作借方凭证附件

单据 9-10-2/3

被背书人：光华有限责任公司	被背书人
（光华有限责任公司财务专用章） 背书人签章：宇孙印鸿 2025年12月12日	背书人签章 年 月 日
身份证名称： 号码：	发证机关：

（贴粘单处）

单据9-10-3/3

贴现凭证（代申请书） ①

填写日期2025年12月12日　　　　　　　　　　第0228号

贴现汇票	种类	银行承兑汇票	号码	199201	申请人	名　称	光华有限责任公司	此联银行作贴现借方凭证
	出票日	2025年11月12日				账　号	16030058363803366	
	到期日	2026年2月12日				开户银行	工商银行东海支行	

汇票承兑人（或银行）	名称	工商银行东海支行	账号		开户银行	

汇票金额（即贴现金额）　人民币（大写）陆万元整　　　　￥60000000

贴现率每月　6‰　贴现利息　￥74400　实付贴现金额　￥59256 00

根据《支付结算办法》的规定，附送承兑汇票申请贴现，请审核。
此致
（贴现银行）
申请人盖章

银行审批　负责人　信贷员

（印章：中国工商银行股份有限公司东海支行 2025.12.12 核算用章（1））

科目（借）
对方科目（贷）

复核　记账

单据9-11-1/4

固定资产清理单

编号：000034
交接日期：2025年12月13日

使用部门：仓库

固定资产名称及规格	仓库用房	生产厂家		固定资产编号	00011	固定资产卡片号码	1001233
开始使用时间		2004年11月		预计使用时间	20	大修理情况	
				实际使用时间	20	修理次数	3
						支付费用	
清理固定资产的情况							
原价	800 000.00	已计提的累计折旧	738 000.00		已提减值准备		
开始清理时间		2025年12月10日		完成清理的时间		2025年12月15日	

清理费用				清理的收入			
时间	凭证	项目	金额	时间	凭证	项目	金额

固定资产卡片的处理

使用部门缴销		管理部门缴销		财务部门检查	
时间	使用部门名称	时间	资产管理员	时间	会计员

单据 9-11 -2/4

单据 9-11 -3/4

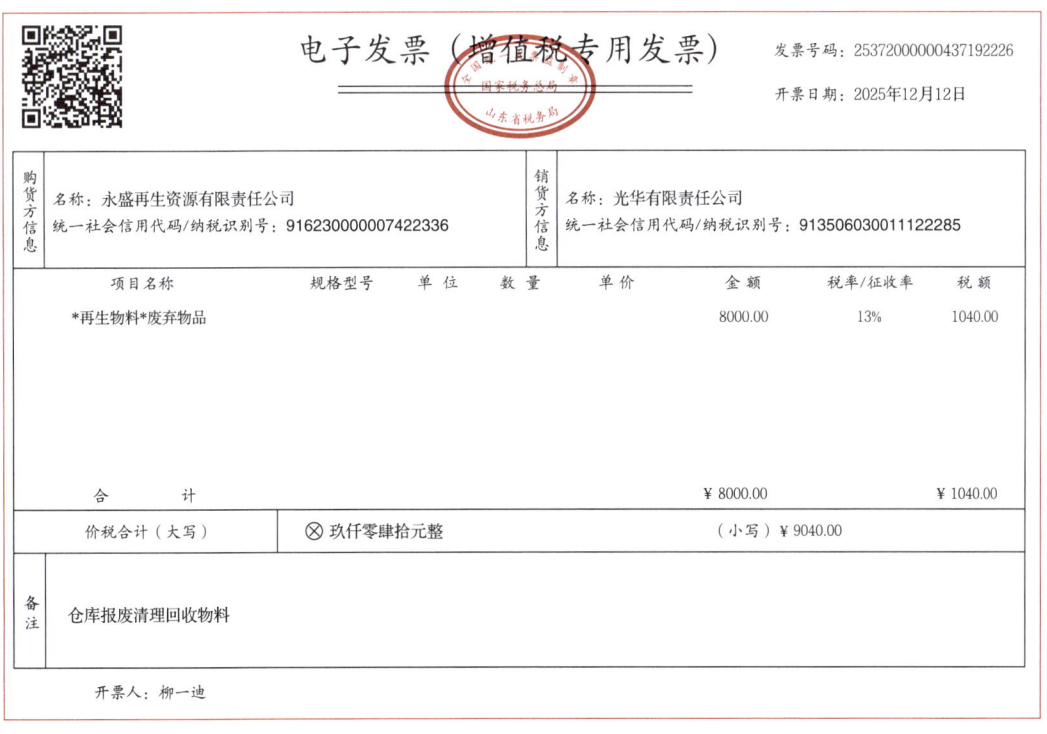

单据 9-11-4/4

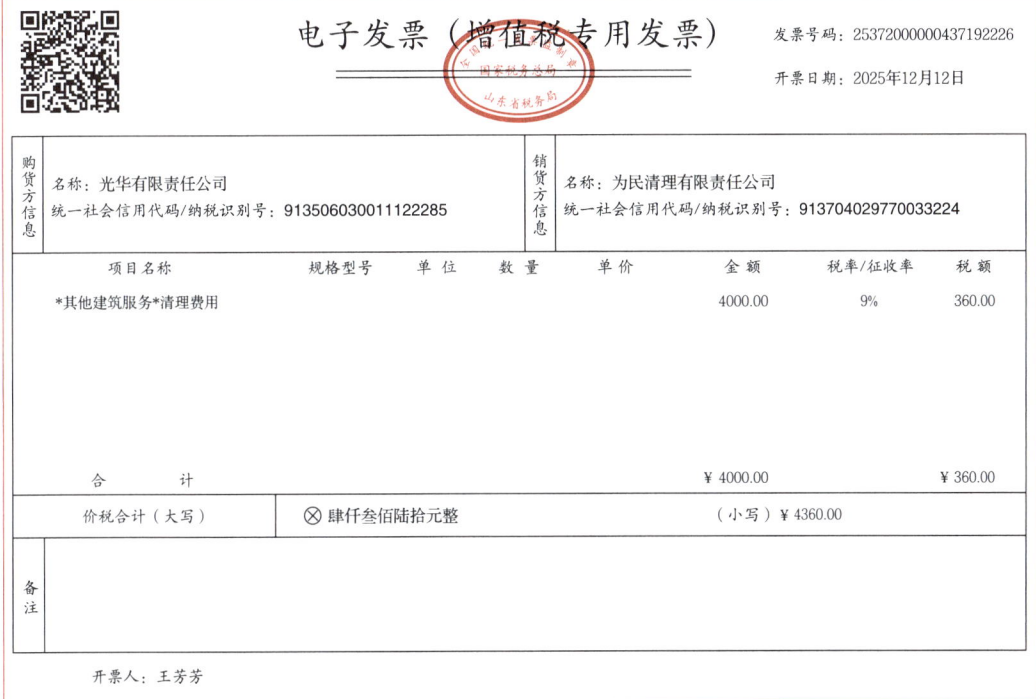

单据 9-12-1/1

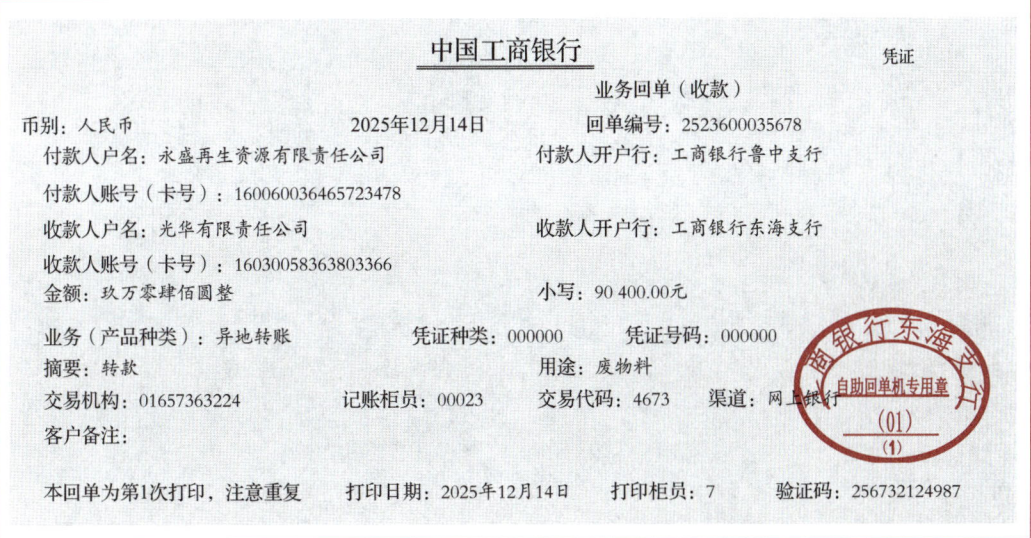

单据 9-13-1/2

借款借据（收账通知）

借款单位：光华有限责任公司　　　2025年12月15日

贷款种类	生产经营借款	贷款账号	16030058363803366
借款金额	人民币（大写）伍拾万元整		千百十万千百十元角分 ¥ 5 0 0 0 0 0 0 0
借款用途	生产经营借款		
约定还款期限：期限9个月，于2026年9月15日到期			

上列借款已批准发放，转入你单位存款账户。此致

2025年12月15日
（银行签章）

（借）＿＿＿＿
（贷）＿＿＿＿

主管　会计　复核　记账
　　　年　　月　　日

（中国工商银行股份有限公司东海支行　2025.12.14　核算用章（1））

单据 9-13-2/2

借 款 合 同

经中国工商银行股份有限公司东海支行(以下简称贷款方)与光华有限责任公司(以下简称借款方)充分协商，签订本合同，共同遵守。

一、借款用途：生产经营借款。

二、借款金额：借款方向贷款方借款人民币伍拾万整（¥500 000.00），贷款期限自2025年12月15日至2026年9月15日。

三、贷款方应按期、按额向借款方提供贷款，否则按违约数额和延期天数付给借款方违约金。违约金数额的计算与逾期贷款罚息相同，即为每日万分之五。

四、年利率5.4%，利息按月支付，每月21日结息，到期还本付息。如遇调整，按调整的新利率和计息办法执行。

五、借款方应按协议使用贷款，不得转移用途。否则，贷款方有权停止发放新贷款，直至收回已发放的贷款。

六、借款方保证按借款契约所订期限归还贷款本息。如需延期，借款方至迟在贷款到期前3天，提出延期申请，经贷款方同意，办理延期手续。但延期最长不得超过原订期限的一半。贷款方未同意延期或未办理延期手续的逾期贷款，加收罚息。

七、贷款到期后1个月，如借款方不归还借款，贷款方有权依照法律程序处理借款方作为贷款抵押的财产，抵还借款本息。

……

十一、合同争议的解决方式

本合同在履行过程中发生的争议，由甲、乙双方协商解决，协商不成的依法向人民法院提起诉讼。

十二、本协议一式二份，借款双方各执一份，本协议自双方签字起生效。

贷款方：中国工商银行股份有限公司东海支行　　借款方：光华有限责任公司
法人代表：张庆国　　　　　　　　　　　　　　法人代表：赵鸿宇
签订日期：2025年12月15日　　　　　　　　　　签订日期：2025年12月15日

单据 9-14-1/3

住房公积金计算表

2025 年 12 月 15 日　　　　　　　　　　　　　　　　　　　　金额单位：元

部门			应付工资	住房公积金		
				企业承担部分 10%	个人承担部分 10%	小计
生产车间	生产工人	A288	64 630.00	6 463.00	6 463.00	12 926.00
		B126	26 990.00	2 699.00	2 699.00	5 398.00
	管理人员		41 360.00	4 136.00	4 136.00	8 272.00
管理部门			12 520.00	1 252.00	1 252.00	2 504.00
销售部门			58 610.00	5 861.00	5 861.00	11 722.00
在建工程			24 210.00	2 421.00	2 421.00	4 842.00
合计			228 320.00	22 832.00	22 832.00	45 664.00

单据 9-14-2/3

中国工商银行
转账支票存根
08098646
00486655

附加信息

出票日期　2025 年 12 月 15 日
收款人：光华有限责任公司
金　额：¥45 664.00
用　途：缴纳住房公积金
单位主管 赵一　会计 张力

单据 9-14-3/3

住房公积金汇（补）缴书

No57129894

2025年12月15日　　　　　　　　　　　　　附：缴存变更清册　页

缴款单位	单位名称	光华有限责任公司	缴款单位	单位名称	光华有限责任公司
	单位账号	16030058363803366		公积金账号	16030058363803487
	开户银行	工商银行东海支行		开户银行	工商银行东海支行

缴款类型	✓	汇缴	□	补缴	补缴原因	
缴款人数		52	工商银行东海支行	2025年11月至2025年11月	月数	1

缴款（方式）	□ 现金　　✓ 转账	百	十	万	千	百	十	元	角	分
金额（大写）	肆万伍仟陆佰陆拾肆元整	¥		4	5	6	6	4	0	0

上次汇缴		本次增加汇缴		本次增减少汇缴		本次汇（补）缴	
人数	金额	人数	金额	人数	金额	人数	金额
52	¥45 664.00					52	¥45 664.00

上列款项已划转至住房公积金管理中心住房公积金存款账户内（银行盖章）

复核：　　　　　经办：　　　　　2025年12月15日

单据 9-15-1/1

领料汇总单

领料部门：生产车间　　　　　　　2025年12月15日

材料名称	规格	单位	数量		单位/（元/件）	金额/元	用途	第三联 交财务
			请领	实发				
W型电子零件	U型	件	400	400	70.00	28 000.00	A288型电子设备	
U型电子零件	W型	件	500	500	40.00	20 000.00		
N型电子零件	N型	件	500	500	80.00	40 000.00	B126型电子设备	
合计						88 000.00		

主管：赵一　　　　审核：　　　　　　　会计：张力

项目九　会计报表编制综合实训

单据 9-16-1/2

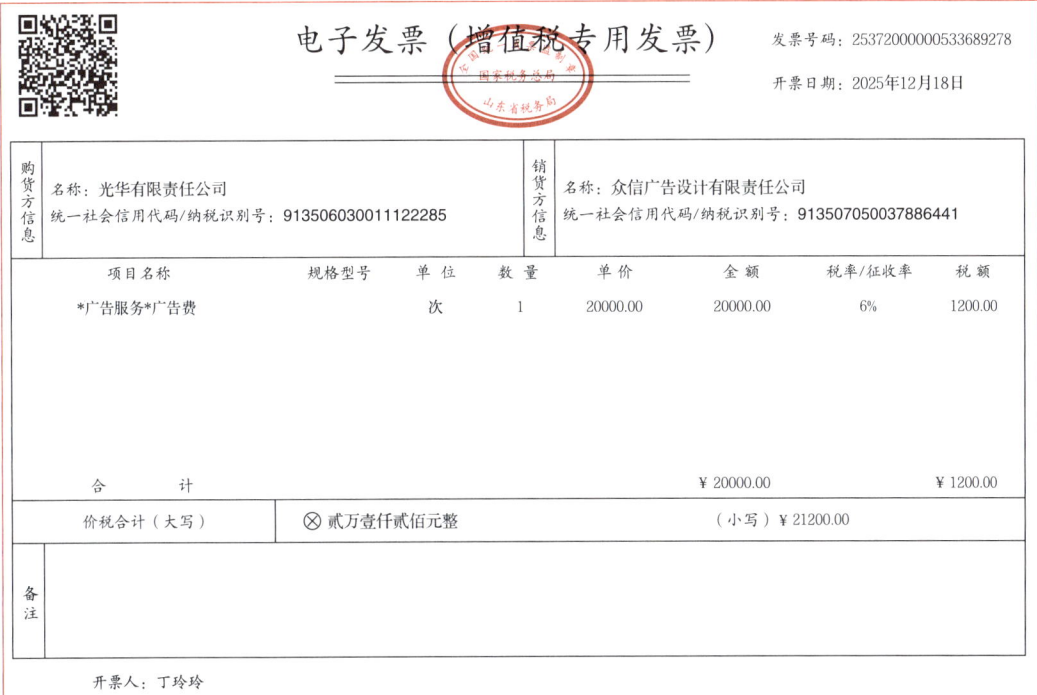

单据 9-16-2/2

中国工商银行　　　　　　　　　　凭证
业务回单（付款）

币别：人民币	2025年12月31日	回单编号：162360004785

付款人户名：光华有限责任公司　　　付款人开户行：工商银行东海支行
付款人账号（卡号）：16030058363803366
收款人户名：众信广告设计有限责任公司　　　收款人开户行：工商银行中心路支行
收款人账号（卡号）：3700055876887668
金额：贰万壹仟贰佰元整　　　小写：21 200.00元
业务（产品种类）：同城转账　　　凭证种类：000000　　　凭证号码：000000
摘要：转款　　　用途：付广告设计费
交易机构：0165780021　　　记账柜员：00023　　　交易代码：3324　　　渠道：网上银行
客户备注：
本回单为第1次打印，注意重复　　　打印日期：2025年12月31日　　　打印柜员：6　　　验证码：254322458024

单据 9-17-1/2

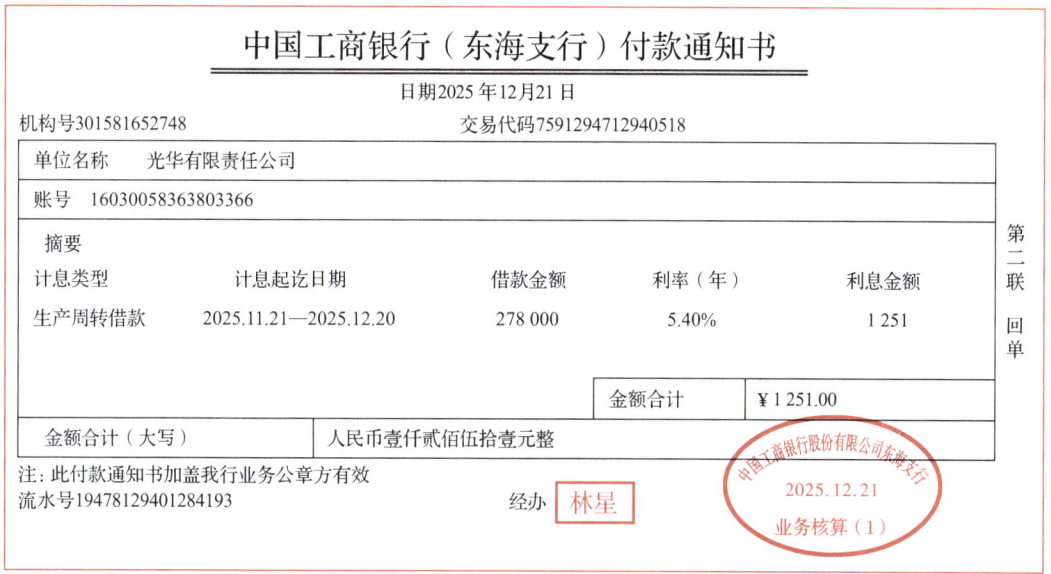

单据 9-17-2/2

单据 9-18-1/1

工商银行（东海支行）计付存款利息清单 （收款通知）

2025年12月21日

单位名称：光华有限责任公司					
结算账号：16030058363803366			存款账号：16030058363803366		
编号	计息类型	计息起讫日期	计息基数	利率	利息金额
	活期储蓄存款	2025.11.21—2025.12.20	21 514 226.00	0.35%	209.17
摘要：利息				金额合计	¥ 209.17
金额合计（大写）人民币贰佰零玖元壹角柒分					
			复核 业务核算（1）		记账

单据 9-19-1/2

中国太平洋财产保险股份有限公司保险费专用发票

发票代码：2370004885608
2025年12月22日
发票号码：08002740575

兹收到　光华有限责任公司

保险费（大写）柒仟捌佰捌拾陆元整　　　　　　　　RMB 7 886.00

系付　财产　险保单第AJINB66ZH4002800号的保险费

姜华华

单位名称（签章）
370082850423703

第二联 发票联

主管 陈红亮　　复核 黄营　　经办 周一

单据 9-19-2/2

单据 9-20-1/1

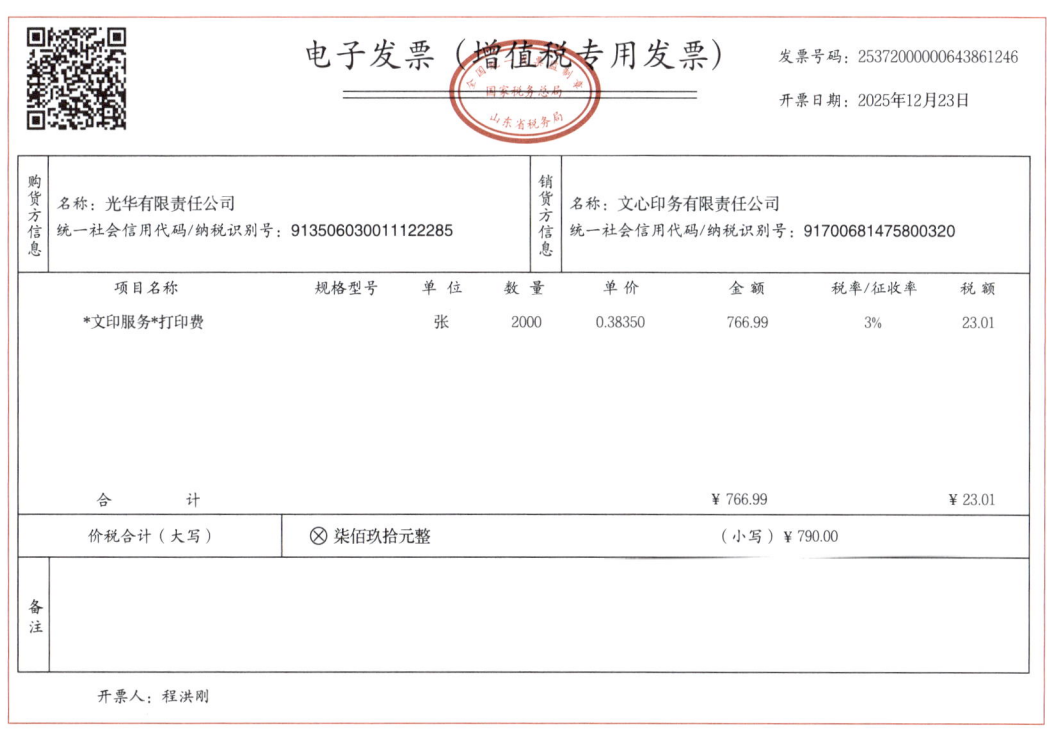

单据 9-21-1/2

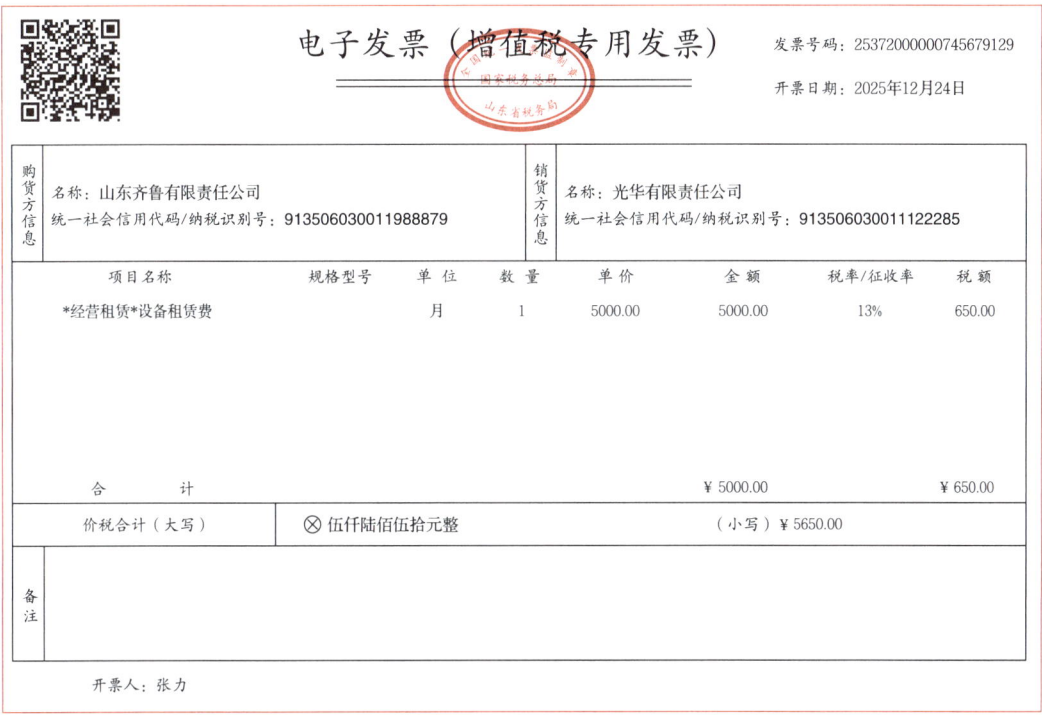

单据 9-21-2/2

单据9-22-1/2

中国工商银行

凭证

业务回单（付款）

币别：人民币　　　　　2025年12月25日　　　　　回单编号：162360009731

收款人户名：光华有限责任公司　　　　　付款人开户行：工商银行东海支行

收款人账号（卡号）：16030058363803379

付款人户名：光华有限责任公司　　　　　收款人开户行：工商银行东海支行

付款人账号（卡号）：16030058363803366

金额：壹拾柒万贰仟陆佰柒拾叁元捌角整　　小写：172 673.80元

业务（产品种类）：同城转账　　凭证种类：000000　　凭证号码：000000

摘要：转款　　　　　　　　　　用途：发放工资

交易机构：0165790062　　记账柜员：00026　　交易代码：3641　　渠道：网上银行

客户备注：

本回单为第1次打印，注意重复　　打印日期：2025年12月25日　　打印柜员：9　　验证码：25436781263

（中国工商银行股份有限公司东海支行自助回单机专用章（01））

单据9-22-2/2

职工薪酬结算汇总表

2025年12月31日　　　　　　　　　　　　　　　　　　　　　单位：元

部门		基本工资	奖金	津贴补贴	加班加点工资	缺勤应扣工资	应付工资	代扣款项				实发工资
								个人所得税	社会保险费	住房公积金	合计	
基本生产	A288	60 000.00	2 250.00	1 810.00	800.00	230.00	64 630.00	2 008.00	7 109.30	6 463.00	15 580.30	49 049.70
	B126	25 000.00	500.00	350.00	1 140.00		26 990.00	384.00	2 968.90	2 699.00	6 051.90	20 938.10
车间管理		40 000.00	1 020.00	560.00		220.00	41 360.00	585.00	4 549.60	4 136.00	9 270.60	32 089.40
行政管理		8 900.00	1 260.00	1 500.00	1 080.00	220.00	12 520.00	1 366.00	1 377.20	1 252.00	3 995.20	8 524.80
销售人员		58 000.00	360.00	250.00			58 610.00	2 178.00	6 447.10	5 861.00	14 486.10	44 123.90
在建工程		23 750.00	300.00	160.00			24 210.00	1 178.00	2 663.10	2 421.00	6 262.10	17 947.90
合计		215 650.00	5 690.00	4 630.00	3 020.00	670.00	228 320.00	7 699.00	25 115.20	22 832.00	55 646.20	172 673.80

复核：赵一　　制表：丁凡

单据 9-23-1/1

职工薪酬费用分配表
2025 年 12 月 31 日　　　　　　　　　　　　　　　　　　单位：元

部　门		生产成本	制造费用	管理费用	销售费用	在建工程	合计
基本生产	A288						
	B126						
车间管理							
行政管理							
销售人员							
在建工程							
合计							

单据 9-24-1/1

经费提取表
2025 年 12 月 31 日　　　　　　　　　　　　　　　　　　单位：元

部门		工资	应付职工薪酬								合计
			医疗保险（10%）	养老保险（20%）	失业保险（1.5%）	工伤保险（0.8%）	生育保险（0.8%）	住房公积金（10%）	工会经费（2%）	职工教育经费（2.5%）	
基本生产	A288	64 630									
	B126	26 990									
车间管理		41 360									
行政管理		12 520									
销售人员		58 610									
在建工程		24 210									
合计		228 320									

单据 9-25-1/1

固定资产折旧提取表

2025 年 12 月 31 日

单位：元

项目	原值	月折旧率	提取额
生产经营用固定资产	17 200 000.00	0.2%	
出租用固定资产	300 000.00	0.2%	
非生产经营用固定资产	570 000.00	0.15%	
合计	18 070 000.00		

单据 9-26-1/3

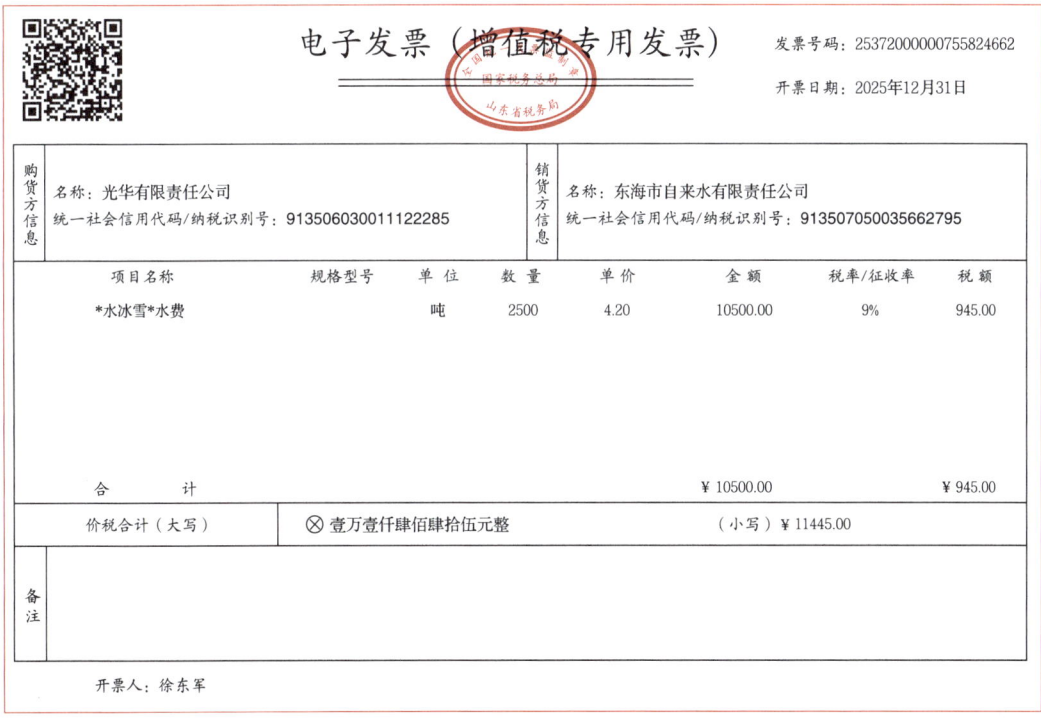

单据 9-26-2/3

外购水费分配表
2025 年 12 月 31 日

金额单位：元

受益对象	耗用量	分配率	分配金额
生产车间	2 000		
公司管理部门	500		
合计	2 500		

审核：赵一　　　制单：张力

单据 9-26-3/3

中国工商银行
凭证

业务回单（付款）

币别：人民币	2025年12月25日	回单编号：162360009832
收款人户名：东海市自来水有限责任公司		付款人开户行：工商银行天齐路支行
收款人账号（卡号）：3500055876860006		
付款人户名：光华有限责任公司		收款人开户行：工商银行东海支行
付款人账号（卡号）：16030058363803366		
金额：壹万壹仟肆佰肆拾伍元整		小写：11 445.00元
业务（产品种类）：同城转账	凭证种类：000000	凭证号码：000000
摘要：转款	用途：支付水费	
交易机构：0165790062	记账柜员：00015	交易代码：3691　　渠道：网上银行
客户备注：		

本回单为第1次打印，注意重复　　打印日期：2025年12月31日　　打印柜员：5　　验证码：25436789731

（中国工商银行股份有限公司东海支行 自助回单机专用章（01））

单据 9-27-1/3

电子发票（增值税专用发票）

发票号码：25372000000867168448
开票日期：2025年12月31日

购货方信息	名称：光华有限责任公司 统一社会信用代码/纳税识别号：913506030011122285
销货方信息	名称：东海市电力供应有限责任公司 统一社会信用代码/纳税识别号：913507050037886441

项目名称	规格型号	单位	数量	单价	金额	税率/征收率	税额
*供电*电费		千瓦时	10000	1.60	16000.00	13%	2080.00
合　　　计					¥ 16000.00		¥ 2080.00

价税合计（大写） ⊗ 壹万捌仟零捌拾元整　　　（小写）¥ 18080.00

备注：

开票人：王昭君

单据 9-27-2/3

外购电费分配表

2025 年 12 月 31 日　　　　　　　　　金额单位：元

受益对象	耗用量	分配率	分配金额
生产车间	18 000		
公司管理部门	2 000		
合计	20 000		

审核： 赵一　　　　　制单： 张力

单据 9-27-3/3

中国工商银行

凭证

业务回单（付款）

币别：人民币　　　　　　2025年12月31日　　　　　　回单编号：162360009898
收款人户名：东海市电力供应有限责任公司　　　付款人开户行：工商银行太子路支行
收款人账号（卡号）：3500055876008901
付款人户名：光华有限责任公司　　　　　　　　收款人开户行：工商银行东海支行
付款人账号（卡号）：16030058363803366
金额：壹万捌仟零捌拾元整　　　　　　　　　　小写：18 080.00元
业务（产品种类）：同城转账　　凭证种类：000000　　凭证号码：000000
摘要：转款　　　　　　　　　　用途：发放工资
交易机构：0165790062　　　　记账柜员：00021　　交易代码：3723　　渠道：网上银行

本回单为第1次打印，注意重复　　打印日期：2025年12月31日　　打印柜员：5　　验证码：25436873625

（中国工商银行股份有限公司东海支行 自助回单机专用章（01））

单据 9-28-1/1

无形资产摊销表

2025 年 12 月 31 日　　　　　　　　　金额单位：元

无形资产	开始使用日期	用途	原值	摊销年限	月摊销额
非专利技术	2023-1-1	生产产品使用	240 000	10	
合计			240 000		

审核：赵一　　　　　　　　　制单：张力

单据 9-29-1/1

制造费用分配表

2025 年 12 月 31 日

产品名称	分配标准（生产工时/时）	分配率	应分配金额/元
A288	6 000		
B126	4 000		
合计	10 000		

注：分配率保留4位小数。

单据 9-30-1/2

产品成本计算单

车间：生产车间　　　　　　　2025年12月　　　　　　　单位：元
产品名称：A288　　　　　　　　　　　　　　　　　　　产量：100台

成本项目	期初在产品成本	本月发生费用	生产费用合计	完工产品总成本	单位成本	期末在产品成本
直接材料						
直接人工						
制造费用						
合　计						

会计主管：赵一　　　　　　审核：　　　　　　制单：

单据 9-30-2/2

产成品入库单

交库单位：生产车间　　　　　2025年12月31日　　　　　编号：0012

产品名称	型号规格	单位	交付数量	检验结果		实收数量	实际成本/元
				合格	不合格		
A288		台	100	100		100	

车间主任：　　　　车间送库：　　　　检验：　　　　仓库经收：

单据 9-31-1/1

销售商品成本计算单

2025 年 12 月 12 日　　　　　　第 001 号

商品名称及规格	单位	数量	单价/（元/台）	金额/元	备　注
A288	台		2 140		
B126	台		5 360		
合计					

主管：赵一　　　　会计：　　　　记账：　　　　制单：

单据 9-32-1/1

未交增值税计算表
2025 年 12 月 31 日　　　　　　　　　　　　　　　　　金额单位：元

项目	进项税额	销项税额	本月未交增值税
金　额			
合　计			

审核：赵一　　　　制单：张力

单据 9-33-1/1

城市维护建设税、教育费附加计算表
2025 年 12 月 31 日　　　　　　　　　　　　　　　　　单位：元

税　种	计税依据			税率	应纳税金额
	增值税	消费税	合计		
城市维护建设税				7%	
教育费附加				3%	

单据 9-34-1/1

"本年利润"结转计算表
2025 年 12 月 31 日　　　　　　　　　　　　　　　　　单位：元

收入类账户	借或贷	金额	费用类账户	借或贷	金额

单据 9-35-1/2

应纳所得税计算表

2025 年 12 月 31 日　　　　　　　　　　　　　　　单位：元

项目	金额（小数点后两位）
一、会计利润总额	
加：调增项目	
1.	
2.	
小计	
减：调减项目	
1.	
2.	
小计	0
二、应纳税所得额	
适用税率	25%
三、应纳所得税额	

单据 9-35-2/2

内部转账单

2025 年 12 月 31 日　　　　　　　　　　　　　　　单位：元

应借科目	应贷科目	金额	备注
本年利润			
	所得税费用		

单据 9-36-1/1

提取盈余公积计算表

2025 年 12 月 31 日　　　　　　　　　　　　　　　单位：元

项目	净利润	提取比例	提取金额
法定盈余公积			
任意盈余公积			
合计			

注：按净利润的10%、5%分别提取法定盈余公积、任意盈余公积。

单据 9-37-1/2

分配投资者利润计算表
2025 年 12 月 31 日

单位：元

项目	投资额	全年净利润	分配比例	分配金额
实收资本——国家资本	10 000 000.00			
实收资本——法人资本	6 000 000.00			
实收资本——个人资本	139 800.00			
合计	16 139 800.00			

注：按全年净利润的40%分配投资者利润。

单据 9-37-2/2

内部转账单
2025 年 12 月 31 日

单位：元

应借科目	应贷科目	金额	备注
利润分配——未分配利润			
	利润分配——提取法定盈余公积		
	利润分配——提取任意盈余公积		
	利润分配——应付股利		

三、实训任务

（1）根据实训背景资料（二）开设有关的总账（采用三栏式），并登记期初余额。
（2）开设现金日记账、银行存款日记账，并登记期初余额。
（3）开设制造费用、生产成本明细账（多栏式）（其他明细账免登）。
（4）根据实训背景资料（三）提供的原始凭证编制记账凭证。
（5）编制记账凭证汇总表（汇总两次），并据以登记总账。
（6）根据账簿记录编制资产负债表、利润表及现金流量表。
（7）在 Excel 中完成上述任务。
（8）在会计信息系统中完成"初始设置、凭证录入、生成科目汇总表、登记账簿、生成会计报表"任务。

四、所需实训材料

序号	种类	数量	备注
1	记账凭证	35 张	使用通用记账凭证或者用下列会计分录纸代替
2	科目汇总表	2 页	
3	日记账	2 页	单面计算
4	多栏式明细账	3 页	单面计算
5	三栏式总账账页	31 页	单面计算
6	资产负债表	1 张	
7	利润表	1 张	
8	现金流量表	1 张	

注：本实训为综合实训，可采用真实记账凭证、账页、报表进行实训且第 2 项至第 5 项实训材料前文已提供，此处不再重复提供。

1. 记账凭证（会计分录纸）

序号	摘要	会计科目	明细科目	记账	借方金额	贷方金额

续表

序号	摘要	会计科目	明细科目	记账	借方金额	贷方金额

续表

序号	摘要	会计科目	明细科目	记账	借方金额	贷方金额

"2. 科目汇总表"至"5. 三栏式总账账页"略。

6. 资产负债表

资产负债表

编制单位：　　　　　　　　　　　年 月 日　　　　　　　　　　　单位：元

资产	期末余额	上年年末余额	负债和所有者权益（或股东权益）	期末余额	上年年末余额
流动资产：			流动负债：		
货币资金			短期借款		
交易性金融资产			交易性金融负债		
衍生金融资产			衍生金融负债		
应收票据			应付票据		
应收账款			应付账款		
应收款项融资			预收款项		
预付款项			合同负债		
应收分保合同准备金*			应付职工薪酬		
其他应收款			应交税费		
存货			其他应付款		
合同资产			持有待售负债		
持有待售资产			一年内到期的非流动负债		
一年内到期的非流动资产			其他流动负债		
其他流动资产			流动负债合计		
流动资产合计			非流动负债：		
非流动资产：			长期借款		
债权投资			应付债券		
其他债权投资			其中：优先股		
长期应收款			永续债		
长期股权投资			租赁负债		
其他权益工具投资			长期应付款		
其他非流动金融资产			预计负债		
投资性房地产			递延收益		
固定资产			递延所得税负债		
在建工程			其他非流动负债		
生产性生物资产			非流动负债合计		

续表

资产	期末余额	上年年末余额	负债和所有者权益（或股东权益）	期末余额	上年年末余额
油气资产			负债合计		
使用权资产			所有者权益（或股东权益）：		
无形资产			实收资本(或股本)		
开发支出			其他权益工具		
商誉			其中：优先股		
长期待摊费用			永续债		
递延所得税资产			资本公积		
其他非流动资产			减：库存股		
非流动资产合计			其他综合收益		
			专项储备		
			盈余公积		
			未分配利润		
			归属于母公司所有者权益（或股东权益）合计		
			少数股东权益		
			所有者权益（或股东权益）合计		
资产总计			负债和所有者权益（或股东权益）总计		

7. 利润表

利 润 表

编制单位：　　　　　　　　　　　　___年__月　　　　　　　　　　　　单位：元

项目	本期金额	上期金额
一、营业总收入		
其中：营业收入		
二、营业总成本		
其中：营业成本		
税金及附加		
销售费用		
管理费用		
研发费用		
财务费用		

续表

项目	本期金额	上期金额
其中：利息费用		
利息收入		
加：其他收益		
投资收益（损失以"-"号填列）		
其中：对联营企业和合营企业投资收益		
以摊余成本计量的金融资产终止确认收益		
汇兑收益（损失以"-"号填列）		
净敞口套期收益（损失以"-"号填列）		
公允价值变动收益（损失以"-"号填列）		
信用减值损失（损失以"-"号填列）		
资产减值损失（损失以"-"号填列）		
资产处置收益（损失以"-"号填列）		
三、营业利润（亏损以"-"号填列）		
加：营业外收入		
减：营业外支出		
四、利润总额（亏损总额以"-"号填列）		
减：所得税费用		
五、净利润（净亏损以"-"号填列）		
（一）按经营持续性分类		
1. 持续经营净利润（净亏损以"-"号填列）		
2. 终止经营净利润（净亏损以"-"号填列）		
（二）按所有权归属分类		
1. 归属于母公司股东的净利润（净亏损以"-"号填列）		
2. 少数股东损益（净亏损以"-"号填列）		
六、其他综合收益的税后净额		
（一）归属于母公司所有者的其他综合收益的税后净额		
1. 不能重分类进损益的其他综合收益		
（1）重新计量设定受益计划变动额		
（2）权益法下不能转损益的其他综合收益		
（3）其他权益工具投资公允价值变动		

续表

项目	本期金额	上期金额
（4）企业自身信用风险公允价值变动		
……		
2. 将重分类进损益的其他综合收益		
（1）权益法下可转损益的其他综合收益		
（2）其他债权投资公允价值变动		
（3）金融资产重分类计入其他综合收益的金额		
（4）其他债权投资信用减值准备		
（5）现金流量套期储备		
（6）外币财务报表折算差额		
……		
（二）归属于少数股东的其他综合收益的税后净额		
七、综合收益总额		
（一）归属于母公司所有者的综合收益总额		
（二）归属于少数股东的综合收益总额		
八、每股收益		
（一）基本每股收益		
（二）稀释每股收益		

8. 现金流量表

现金流量表

编制单位： ___年__月 单位：元

项目	本期金额	上期金额
一、经营活动产生的现金流量		
销售商品、提供劳务收到的现金		
收到的税费返还		
收到其他与经营活动有关的现金		
经营活动现金流入小计		
购买商品、接受劳务支付的现金		
支付给职工及为职工支付的现金		
支付的各项税费		
支付其他与经营活动有关的现金		
经营活动现金流出小计		

续表

项目	本期金额	上期金额
经营活动产生的现金流量净额		
二、投资活动产生的现金流量		
收回投资收到的现金		
取得投资收益收到的现金		
处置固定资产、无形资产和其他长期资产收回的现金净额		
处置子公司及其他营业单位收到的现金净额		
收到其他与投资活动有关的现金		
投资活动现金流入小计		
购建固定资产、无形资产和其他长期资产支付的现金		
投资支付的现金		
取得子公司及其他营业单位支付的现金净额		
支付其他与投资活动有关的现金		
投资活动现金流出小计		
投资活动产生的现金流量净额		
三、筹资活动产生的现金流量		
吸收投资收到的现金		
其中：子公司吸收少数股东投资收到的现金		
取得借款收到的现金		
收到其他与筹资活动有关的现金		
筹资活动现金流入小计		
偿还债务支付的现金		
分配股利、利润或偿付利息支付的现金		
其中：子公司支付给少数股东的股利、利润		
支付其他与筹资活动有关的现金		
筹资活动现金流出小计		
筹资活动产生的现金流量净额		
四、汇率变动对现金及现金等价物的影响		
五、现金及现金等价物净增加额		
加：期初现金及现金等价物余额		
六、期末现金及现金等价物余额		

五、实训答案

 记账凭证
 账簿
 科目汇总表
 资产负债表
 利润表
 现金流量表

郑重声明

高等教育出版社依法对本书享有专有出版权。任何未经许可的复制、销售行为均违反《中华人民共和国著作权法》，其行为人将承担相应的民事责任和行政责任；构成犯罪的，将被依法追究刑事责任。为了维护市场秩序，保护读者的合法权益，避免读者误用盗版书造成不良后果，我社将配合行政执法部门和司法机关对违法犯罪的单位和个人进行严厉打击。社会各界人士如发现上述侵权行为，希望及时举报，我社将奖励举报有功人员。

反盗版举报电话　　（010）58581999　58582371
反盗版举报邮箱　　dd@hep.com.cn
通信地址　　北京市西城区德外大街4号
　　　　　　高等教育出版社知识产权与法律事务部
邮政编码　　100120

读者意见反馈

为收集对教材的意见建议，进一步完善教材编写并做好服务工作，读者可将对本教材的意见建议通过如下渠道反馈至我社。

咨询电话　　400-810-0598
反馈邮箱　　gjdzfwb@pub.hep.cn
通信地址　　北京市朝阳区惠新东街4号富盛大厦1座
　　　　　　高等教育出版社总编辑办公室
邮政编码　　100029

防伪查询说明

用户购书后刮开封底防伪涂层，使用手机微信等软件扫描二维码，会跳转至防伪查询网页，获得所购图书详细信息。

防伪客服电话　　（010）58582300

网络增值服务使用说明

授课教师如需获取本书配套教辅资源，请登录"高等教育出版社产品信息检索系统"（xuanshu.hep.com.cn），搜索本书并下载资源。首次使用本系统的用户，请先注册并完成教师资格认证。

高教社高职会计教师交流及资源服务QQ群（在其中之一即可，请勿重复加入）：
QQ3群：675544928　QQ2群：708994051（已满）　QQ1群：229393181（已满）